KB076986

팀장의 말투

팀장의
서재 **
002

일이 힘든 건 참아도 팀장의 말투는 못 참는다

How the
team leader
speaks

팀장의 말투

김범준 지음

센시오

팀원에겐
팀장의 말투가 최고의 복지다

"타 팀으로 이동하고자 함.

팀장님과 소통하기가 어려움.

무슨 말인지 제대로 알아듣기 어려움.

말을 바꾸는 일이 종종 있음.

팀원의 기를 죽이고 인신공격한다는 느낌을

받은 적도 있음."

어떤 회사에서 유달리 거침없던 한 팀원이 부서이동을 신청하며 자신의 팀장에 대해 평가한 코멘트다. 안타까웠다. 회사에서는 팀장을 위로했지만 그에 대한 회사의 평가는 확연히 낮아졌다. 이 사례뿐만 아니라, 말 한마디를 잘못해서 '면(免) 팀장'이라는 굴욕을 겪거나 심하게는 직장을 떠나 징계나 소송에 휘말리는 분들이 실제로 있다. 말투를 점검하지 않는다는 건 이런 위험요소를 그대로 방치하는 셈이다. 저 정도까지는 아니더라도, 당신의 팀원들은 당신에 말투에 대해 어떻게 생각하고 있을까? 착잡할 것이다.

우리 사회에는 몇 명이나 되는 팀장이 있을까? 모래알만큼 많다. 팀장들은 서로 다른 말투를 구사하고 있으니 팀장의 말투 또한 모래알만큼 많다. 말투에 따라 팀장을 크게 두 부류로 구분할 수 있다. 말씨 하나하나가 품격 있고 유려하여 가만히 앉아서도 팀의 성과를 절로 뒷받침하는 팀장. 불신을 여과 없이 드러내고 냉정함을 미덕으로 착각하고 있어서 열심히 일하는 만큼 팀원의 반감을 배가시키는 팀장. 당신은 과연 둘 중 어떤 팀장에 가까운가? 지금은 중간쯤에 위치하고 있는 것 같다면, 앞으로 당신은 어느 쪽으로 나아가게 될 팀장인가?

어쩌면 첫 번째 경우에 해당할지도 모른다고 생각하고 있나? 장담컨대 아니다. 이 책을 펴 보았다는 것 자체로 당신은 곧 두 번째 팀장이 될 사람이다.

말투에 대해 이야기해 보자. 듣는 이에게 말투는 하나의 환경이다. 팀장의 말에 따라 움직이는 팀원들에게 팀장의 말투는 단순히 어떤 아무개의 말투가 아니다. 팀장의 말투는 팀

원들에게 업무환경 그 자체다. 팀장의 말투 수준이 약간 떨어
진다면? 팀원은 누추한 환경에서 근무하는 셈이다. 당신의 팀
원들은 자신의 업무환경이 어느 정도로 세련되고 깔끔하고 효
율적이라고 생각하고 있을까? 사무실의 인트라넷 문제가 개
선되고, 인터넷 속도가 빨라지고, 고사양 PC를 지급받을 때
느끼는 후련함과 만족감은 팀장의 말투라는 환경이 개선되었
을 때 팀원들이 느낄 후련함과 만족감에 비할 바가 아니다.

직장생활의 기술 중 가장 강력하면서도 소프트한 기술, '말투의 기술'

팀장이 팀원들과 임원들에게 어떤 단어를 쓰느냐, 어떤 언어
로 대응하느냐에 따라 팀장에 대한 평가가 급격히 달라진다.
건강한 말투가 팀장에게 이득이 되는 이유는 간단하다. 위로
는 임원과, 아래로는 팀원들과의 마찰을 없애주는 강력한 도
구이기 때문이다. 실제로 에이스 팀장이라면 가지고 있는 직
장생활의 기술 중 가장 강력하면서도 가장 소프트한 기술이
바로 말투의 기술이다.
　윗사람과는 소통을 잘하지만 팀원과의 소통에는 어려움
을 겪고 있는 팀장들이 실제로 정말 굉장히 많다. 그 어려움을

극복할 솔루션을 소개하고자 나는 이 책에 다양한 사례를 담았다. 어렵게 생각하지 말자. 내가 진행해 온 수많은 인터뷰를 통해, 또 다양한 자료를 통해 찾아낸 바람직한 팀장의 말투를 이 책에서 독자 여러분께 상세히 안내해드리려 한다. 팀장을 진짜 팀장으로 세워주는 말투가 있다. 그것은 어떤 말투일까? 이 질문에 대답하기 위해 이 책을 썼다.

나는 이 책이 팀장을 넘어 더 높은 곳을 꿈꾸는 분들이 때때로 펼쳐보는 지침서로 기능할 수 있도록, 내가 가지고 있는 지식과 경험을 최대한 담아 집필했다. 혹시 이미 팀장 그 이상의 자리에 계신 분들이라면 이 책이 자기 성찰의 안내서로 도움이 되기를 바란다.

마지막으로 다시 한번 당부한다. 팀장이라면 당신 자신을 위해, 팀장의 말투를 제대로 세팅하라.

2021년 다시 찾아온 봄을 맞이하며
김범준

차례

6장

임원 후보로 손꼽히는 팀장의 말 사용법

1장

일이 힘든 건 참아도
팀장의 말투는
못 참는다

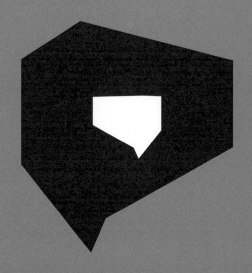

How the team leader speaks

당신의 입에
무엇을 담을 것인가

시대가 확실히 달라졌다. 과거에 팀원들은 팀장이 불가능에 가까운 일을 주문해도, "이 새끼, 저 새끼" 막말을 해도, "김 대리는 왜 항상 그러는 거죠?"라며 일부를 갖고 전체를 부정해 버리며 말해도 '팀장이 업무에 열정이 있다 보니 그런 거겠지' 하면서 받아들였다. 심지어는 팀장이 혹독하게 훈련시켜준 덕분에 자신이 성장했다며 '폭언 비슷한 쓴소리'를 고맙게 여기기까지 했다. 말이 거칠어도 다른 부분에서 너그러운 모습을 보이면 '알고 보면 진국인 사람', '멋진 팀장', '회사에 대한 충성심, 팀원에 대한 사랑이 제대로인 사람'이라 평가받기도 했다. 지금 그런 팀장들은 어떻게 평가받을까? 팀원들에게 '미친

놈' 소리를 듣지 않으면 다행이다. 고소당할 수도 있고 해고당할 수도 있다.

당신의 입에 경멸을 담을 것인가 존중을 담을 것인가

팀장의 생각이 팀원에게 긍정적으로 전달되게 하려면 팀장에게는 팀원을 존중하는 마음이 있어야 한다. 팀원을 존중할 줄 모르는 팀장의 말을 듣고도 그를 진심으로 따를 팀원은 세상에 없다. 도쿄올림픽 조직위원장을 맡고 있는 모리 요시로 전 일본 총리가 러시아 소치 올림픽 여자 피겨 쇼트 프로그램에서 부진한 모습을 보인 아사다 마오 선수에게 막말에 가까운 비난을 쏟아내서 문제가 된 적이 있다. 모리 전 총리는 한 강연회에서 아사다의 실수를 두고 "보기 좋게 자빠져버렸다. 그 선수는 중요한 때는 반드시 넘어진다"라고 말했다.

혹시 팀장인 당신 역시 모리 전 총리의 잘못을 되풀이하고 있지는 않은가. 당신이 대답해 보라. 과연 당신은 팀원의 인격과 팀원들의 다양성을 존중하는 말을 하고 있나? 팀원을 진심으로 아끼고 존중하며 건강한 커뮤니케이션을 하고 있나? 아직도 존중은커녕 경멸의 말투를 아무렇지도 않게 쓰며 일하는 팀장들이 존재한다. 답답한 노릇이다.

말과 관련된 속담들은 대부분 말의 위험성을 경고한다. "가는 말이 고와야 오는 말이 곱다", "낮말은 새가 듣고 밤말은 쥐가 듣는다", "혀 밑에 도끼 들었다", "곰은 쓸개 때문에 죽고 사람은 혀 때문에 죽는다", "말 많은 집은 장맛도 쓰다" 등의 속담은 모두 사람이 말을 조심하고 삼가야 하는 이유를 설명해준다. 그나마 긍정적인 뉘앙스를 담고 있는 속담은 "말 한마디로 천 냥 빚을 갚는다"뿐이다. 하지만 이조차도 '잘해 봐야 빚 갚고 본전'이라는 의미에 그칠 뿐이다.

말은 어렵다. 특히 리더의 말은 더 어렵다. 팀장의 말은 달라야 한다. 당신이 하는 말에 대해 당신의 팀원들이 이런 속담을 만들어낼 수 있으면 좋겠다. "오는 말이 고우니 가는 말이 더욱 곱다", "낮말은 깔끔하고 밤에는 절대 아무 말도 없다", "혀 밑에 설탕 들었다", "간이든 쓸개든 제발 그냥 두고 사람이라면 우리 팀장처럼만 말하자."

팀장 스스로를 살리는 건강한 말투

우리는 고립된 존재가 아니다. 우리 주위에는 누군가가 있고 우리는 그들로부터 존중받기를 원한다. 그런데 그만큼 상대방을 존중해야 한다는 사실은 자주 잊는다. 팀장으로서 팀원을 존중하지 않으면 장담컨대 후회할 일이 있을 것이다. 존중의 반대말은 경멸 혹은 무시 정도일 것이다. 소위 '막말'에 거침이 없는 리더는 이제 보기 드물다. 우리 사회가 이제는 그런 리더를 그대로 두고 보지 않는다.

하지만 민에 하나 팀장인 당신이 여전히 다음과 같은 거친 말투를 쓰고 있다면 당신은 팀장이라는 가면을 썼을 뿐이지 실제로는 리더십을 전혀 가지고 있지 못할 것이다. 그리고 당신은 거친 카리스마를 지닌 팀장이 아니라 그저 말버릇이 더러운 나쁜 사람이라는 점을 기억하라.

> "머리에 똥이 들었나…. 초등학생도 아니고 어떻게 일을 그렇게 해요?"
> "나도 10년 전에는 그 일 해 봤어요. 뭐가 그리 어렵다고 시시콜콜 징징거려요?"
> "위에서 하라면 해야지 나이도 먹을 만큼 먹은 사람이 뭐 하는 겁니까?"
> "당신, 그 따위로 일할 줄 알았어. 대학 나온 거 맞아요?"
> "고객과 술 마셨다고 지각을 해? 장난합니까? 한 번만 더 걸리세요."

팀장이라는 자리에 있다 보면 아래로 팀원을 챙기고 위로는 임원을 모시다 보니 스트레스가 쌓일 수 있음은 인정한다. 말이 험해질 수 있는 계기가 적잖을 수 있다. 하지만 이제 이런 팀장이 설 자리는 없다. 사내 징계가 뒤따를 것이고 모욕감을 받은 상대방은 형법상 가해 책임을 물을 것이다. 팀장이라는 자리가 요구하는 성과에 연연하다 보니 사람을 놓쳤다고 안일하게 변명하는 건 어떤 경우에도 통하지 않는 시대다. 이제 이렇게 말해야 한다.

> "제가 생각한 방향과 좀 차이가 있네요. 늦기 전에 같이 수정해 봅시다."
> "예전에 제가 경험했던 때와 상황이 좀 달라졌나 봅니다. 하지만 제 이야기도 일단 참고해주시기 바랍니다."
> "김 대리, 업무 진행상 문제가 뭐라고 했죠? 다시 한번 제대로 말해줄래요?"
> "이 부분은 내일 박 대리와 따로 시간 잡아서 설명 들어 보세요. 내가 오늘 박 대리에게 미리 말해둘게요."
> "고객 접대, 고생했습니다. 다만 몸이 너무 축나는 방식이네요. 다른 접대 방법을 고민해 보도록 하죠."

팀원이 팀장을 머릿속에 떠올릴 때 '큰일 났다. 이제 어떻게 하지?'라며 불안해하는 게 아니라 '팀장님이라면 이럴 때 어떻게 했을까?' 물어봐야겠다' 하는 생각이 들어야 한다. "일이 힘들면 참는다. 하지만 사람이 힘들면 못 참는다"라는 말이 있다. 팀원을 향한 팀장의 말투에 존중만 남기고 경멸과 무시는 지금 당장 싹 삭제해야 하는 이유다. 이렇게 커뮤니케이션하지 않으면 일도 관계도 무너지는 건 타이밍 문제다. 팀이라는 조직의 성과관리와 조직관리를 안정적으로 해나가지 못하는 팀장은 팀장이 아니다.

팀 회의 들어갈 때 노트에 적어둘
딱 두 개의 문장

팀원: 팀장님, 저 다음 주에 이틀 정도 휴가를 쓰려고 하는
데요.

팀장: 아, 네. 그런데 지난번에 말한 보고서, 어떻게 진행되
고 있나요?

팀원: 그 건은 퇴근 전까지 보고드린다고 오전에 말씀드렸
는데요.

팀장: 그랬나요? 아…, 사무실이 답답한 거 같지 않아요?
창문 좀 열어 봅시다. 근데, 아까 뭐라고 했죠? 어디
아프다고 했나요?

팀원: ….

'경청'이라는 덕목을 강조하는 책이나 방송을 어렵지 않게 접할 수 있을 것이다. 익숙해져버린 이 단어 속에 혁신의 씨앗이 숨어 있다. '경청(傾聽)'이란 단어를 이루고 있는 한자를 뜯어보면 명확하게 알 수 있다. 우선 첫 번째 한자 '傾'은 '기울일 경'이다. 팀원을 향해 몸을 기울이고 집중하는 팀장의 모습에 대입해 보자. 두 번째 한자 '聽'은 '들을 청'이다. 다소 쉬운 한자이지만 이 한자의 생김새를 더 자세히 들여다보면 듣는다는 것의 의미가 그다지 간단하지 않음을 실감하게 된다. 이 한자 안에는 '귀(耳)' 뿐만 아니라 '마음(心)'과 '눈(目)'에 대응하는 한자 낱자들이 모두 들어가 있다. 즉, 경청이란 팀원들이 말을 할 때 그에게 몸을 기울이며 집중하고 단순히 귀로만 듣는 게 아니라 눈을 상대방에게로 향하고 마음 또한 상대방을 향하도록 할 때 완성되는 행위다.

말을 하는데 상대방이 듣는 둥 마는 둥 하면 기분이 얼마나 언짢은가. '이 사람은 나와 대화하려는 생각이 없구나' 하는 생각이 들어 마음이 상할 것이다. 반대로 상대가 몸까지 기울이면서 진심을 다해 나의 말을 들어준다는 느낌을 받는다면 어떨까. '이 사람은 진심으로 나와 이야기를 나누고 싶어 하는구나'라는 생각에 흐뭇해질 것이다. 바로 이 기분 좋은 감정을 팀원에게 주는 것이 팀장의 경청이 가져오는 일차적 결과물이자 팀 혁신의 씨앗이다.

말을 자를 것인가 들을 것인가

"됐어요. 결론만 말하세요", "잠깐, 그게 아니고", "요지가 뭔가요?" 팀장이 이렇게 말을 끊고 결론만 듣고자 하는 일이 반복된다고 해 보자. 팀원이 과연 팀장과 말을 나누고 싶을까. 팀장 역시 상대의 말을 충분히 듣지 못했으니 별달리 추가할 말도 찾지 못할 것이다. 일단 들어야 다음 말도 할 수 있다. '딱히 할 말이 없는' 팀장과 팀원이 모여 있는 팀은 생각하기만 해도 답답함이 극에 이른다. 말을 하려고 애쓰는 팀장이 되기 전에 팀원의 말을 잘 들으려 노력하는 팀장이 되어야 하는 이유가 바로 여기에 있다.

경청이 중요한 건 모든 기업이 그토록 원하는 '혁신'이 단연코 경청에서부터 시작되기 때문이다. 많은 사람이 이야기하기를 혁신은 작은 것에서부터 시작된다. 이 '작은 것'이란 무엇일까. 나는 팀장이 가지고 있는 '대화의 기본기'야말로 혁신을 가져다주는 작은 것이라 본다. 그러면 '대화의 기본기'란 무엇인가. "왕년에 내가 말이야" 혹은 "이거 해 봤는데 안 됩니다" 하는 식의 터줏대감 스타일, 아니 고인물 스타일의 말투는 대화의 기본기에서 아주 벗어난 말투다. 대화의 기본기란 팀원의 미숙한 아이디어도 유심히 듣고 모두가 마음을 오픈해 화제를 발전시켜 나가게 하는 팀장의 태도다.

조직이 조직인 이유는 무엇인가. 개인의 의견을 모두가 공유하는 과정에 조직의 존재 이유가 있다. 좀 더 구체적으로는 "어떤 시점부터 의견 공유를 시작하는가?" 그리고 "무엇을 공유하는가?" 하는 두 가지가 중요하다. 그리고 이 두 가지는 팀장의 경청에 의해 좌우된다.

귀를 닫고 있던 팀장이 들을 줄 아는 사람이 되면 팀원들로부터 공유되는 정보의 폭이 넓어지고 깊이가 깊어진다. 그러면 팀장이 팀의 문제를 종합적으로 고민할 때 오류가 확연히 줄어든다. 그때가 비로소 팀에 혁신의 씨앗이 심기는 때다. 경청은 팀장과 팀원이 서로가 어떤 사람인지, 무엇을 원하는지, 어떤 느낌을 받는지 등을 관찰하게 만든다. 그럼으로써 팀장은 그간 당연하게 여겨 간과했던 팀 내외부의 많은 것들을 재인식하는 기회를 얻게 된다.

업무상 수많은 회의를 주관하는 자리에 있는, 한 중견기업 임원으로부터 들은 이야기가 있다. 그는 회의실에 들어가기 전에 마음속으로 되새기는 게 두 가지 있다고 했다. 하나는 "말수를 줄이자"이고 다른 하나는 "목소리를 낮추자"라고 한다. 그는 말했다. "저는 부하직원들의 이야기를 더욱 많이 듣기를 원합니다." 그런데 회의가 시작되면 자기도 모르게 입에서 자꾸 말이 나오는 것을 참기가 힘들다고 했다. 그래서 그는 아예 회의 자료 위쪽에 "말수를 줄이자", "목소리를 낮추자"라는 두 가지를 메모해둔다고 했다. 만약 당신이 팀원의 의견을 듣고 싶어서 회의를 소집해 놓고는 "그건 됐고…"라고 말을 자르는 데 별다른 문제를 느끼지 못하고 있다면 당신도 그의 두 가지 문장을 회의 때마다 메모해 보자.

21세기형 문맹팀장이 되지 마라

"20세기의 문맹자는 글을 읽지 못하는 사람이었으나 21세기 문맹자는 상대방의 마음을 읽지 못하는 사람"이라는 말이 있다. 혹시 팀원들의 말을 알아듣지 못하는 '문맹팀장'이 아닌지 스스로를 돌이켜 보자. 팀원이 팀장을 겸손한 태도로 대해야 하는데 팀장은 더욱 겸손한 태도로 팀원을 대해야 한다. 겸손이란 상대방의 상황을 이해하기 위한 노력의 일환이다. 귀 기울이는 시늉을 한다고 해도 상대방에 대해 이해하고자 하지 않는다면 상대방과의 불통(不通)을 피할 수 없다. 그런 의미에서, 팀장인 당신에게 다시 한번 묻는다. "잘 듣고 있습니까?"

조직은 결국 무엇의 종합일까. '인간관계'의 종합이다. 인간관계를 이루고 있는 건 인간이며 인간은 결국 말로 이해를 구하고 이해를 받기 마련이다. 경청이 안 되는 팀의 인간관계는 별 볼 일 없을 것이고 별 볼 일 없는 인간관계로 형성된 팀에서는 혁신의 씨앗이 싹을 틔우지 못한다. 당신은 혹시 "점심 시간에는 웃으며 떠들다가 사무실에 들어오기만 하면 모두 꿀 먹은 벙어리가 되니 답답해 죽겠습니다"라고 하소연하는 팀장은 아닌가? 팀원들이 왜 말을 하지 않는지 그 이유와 결과 자체에 괴로워하기보다는 그동안 당신이 팀원들의 이야기를 잘 듣기 위해 얼마나 노력했는지 스스로 점검하는 게 우선 필요하다. 그리고 그 문제의 해결방법을 다시 한번 강조한다. 팀원들의 어떤 이야기도 끊지 말고 경청하라.

팀원과 말할 때
가슴에 새겨야 할 것

"주의 깊게 들었을 뿐입니다." 한국계로 미국 NASA의 최고위 간부가 된 신재원 박사가 한 말이다. 입사 후 30년은 되어야 오를 수 있다는 NASA의 최고위직에 그는 19년 만에 올랐다. 그가 인터뷰에서 밝힌 성공 비결은 경청이었다. 뻔한 얘기 같지만 뻔한 것이라 더욱 어려운 경청의 중요성을 그는 힘주어 이야기했다.

들는다는 건 인간관계를 만드는 데 있어 말하기만큼이나 중요하다. 아니, 그 이상으로 중요하다. 일상적인 대화를 나눌 때 상대방의 개인적인 이야기를 듣는 것은 정보획득 측면에서는 물론이고 상대방의 자존감 고양 측면에서도 중요하다. 개인적인 이야기는 말하는 사람이 하는 이야기 중에서 가장 그 다운 이야기이며, 그 이야기를 들어주는 건 말하는 이가 가장 그다울 수 있도록 도와주는 사람이 존재한다는 것을 입증해 주는 셈이기 때문이다. 하지만 안타깝게도 대부분의 사람들은 타인의 개인적인 이야기를 듣기를 잘 견디지 못한다. 상대방 의 관점을 이해하지 못하고 이로 인해 관계가 틀어지는 비극 이 우리 주변에 빈번한 이유다.

경청 습관을 들이기 위한 두 가지 생각습관

그런데 이 경청이라는 것이 어려운 이유는 무엇일까? 누군가 의 말을 끝까지 듣는다는 것은 단순한 버티기나 잔기술 차원 의 문제가 아니라 인성, 특히 인내심의 유무와 관련된 것이기 때문이다. 조니 김은 경청에 집중하게 된 계기를 이렇게 말했 다. 간단했다. "잘 들리지 않아서"였다고 했다. 영어가 서투르 니 잘 들으려고 노력했고 그 과정에서 경청의 습관이 생겼다 는 것이다. 그는 말했다. "수준급 영어를 구사할 수 없었기 때 문에 저는 주의 깊게 듣는 일에 더욱 집중할 수밖에 없었습니 다."

한국에서 대학까지 졸업한 후 비로소 미국에서 유학생활

을 시작한 그에게 영어는 하나의 장벽이었다. 하지만 그는 그 장벽을 성장의 계기로 삼았다. 개인적으론 그의 솔직함이 마음에 든다. 상대방의 말을 정성껏 잘 듣는 태도가 인간관계에 중요하다고 생각해서 경청의 습관을 시작한 게 아니라 상대방의 말을 잘 알아들을 수가 없어서였다고 솔직하게 말한 점이 좋다. 어려운 상황에서 자기비하에 빠지지 않고 고난을 성장의 계기로 만들어낸 그가 아름답다. 그의 말을 통해, 한 팀을 이끄는 중간관리자인 팀장이 갖춰야 할 듣기의 모습이 어떤 것일지 두 가지를 찾아내 보았다.

> 첫째, 상대방의 말이 잘 들리지 않는다면 일단 자신을 반성한다.
> 둘째, 상대방의 말이 잘 들리지 않는다면 잘 들을 계기를 가지게 되었음에 감사한다.

이 두 가지 원칙을 팀장 시절의 내 모습에 비춰 보도록 하겠다. 첫째, '반성'에 관한 문제다. 나는 팀원의 말을 잘 듣지 못했다. 그 이유 중 하나는 '듣지 못하는 것'이었고 또 다른 하나는 '들을 생각이 없었던 것'이었다. 우선 내가 '듣지 못했던 것'은 우선 팀의 세부 분야에 채 익숙하지 않아서 벌어진 일이었다. 즉 이건 일종의 배경지식의 문제다. 만약 음악을 하던 사람이 갑자기 IT 분야로 옮기게 된다면 IT 분야의 용어를 쓰며 자연스럽게 소통하는 데까지는 누구에게나 어느 정도의 시간이 필요하다.

하지만 '들을 생각이 없어서 잘 듣지 못했던 것'은 분명히 부끄러운 일이다. 당장 고쳐야 했고 또 고칠 수 있었음에도 하질 않았던 것이다. 팀장일 때 나는 팀장 자리에 앉아 있는 나의 생각을 우선시했다. 팀원의 반응은 솔직히 그리 중요하게 생각하지 않았다. '일개 팀원일 뿐인 사람들의 말을 팀장이 굳이 들을 필요가 있을까' 하는 건방짐으로 가득했다. 누군가의 말이 잘 들리지 않을 때 '왜 안 들리지'를 고민하기 전에 "잘 안 들립니다!"라고 윽박지르던 나의 모습이 눈에 선하다. 한심하고 안타깝다.

듣기는 그냥 이루어지지 않는다. 노력이 들어가야만 비로소 획득할 수 있는 삶의 태도다. 청각(hearing)이 좋다고 듣기(listening)까지 잘하는 것은 아닌 이유다. 상대방이 말할 때 경청하지 못하는 사람은 자신의 정신적인 부분에 투자하는 데게으른 사람이다. 그는 상대의 말을 피상적으로 들을 뿐이며 결국 판에 박힌 반응 이상을 할 수 없다. 과하게 비유한다면 '나(팀장)는 너(팀원)를 소유하고 있어'라는 건방이 마음에 가득하기 때문 아닐까. 실제로 팀장 시절의 내가 그랬다.

둘째, '감사'에 대해 살펴보자. 누군가의 말이 잘 들리지 않는다면 우선 감사부터 해야 했다. 그건 나와는 다른 경험을 지닌 상대방이 나에게 색다른 세상을 만나게 해주는 것에 대한 감사다. 한 연구 결과에 따르면 "잘 듣는 사람이 조직에서 더 높은 직급으로 올라간다." 생각해 보면 나에게도 상사가 나의 말을 잘 들어주는 것만큼 고마운 일이 없었던 것 같다. 나의 말을 잘 들어줬던 윗사람들은 그런 이유로 지금 '저 높은 자리'에 있는 것 같다. 나는 팀원의 말을 잘 들어주지 못했다. 그래서일까. 최고위 간부로 가는 길에서 멀어졌다.

경청 습관 없이는 중간관리직을 벗어나지 못한다

팀장이라는 중간관리직에서 최고위직으로 포지션을 수직이동하고 싶다면 수준 높은 커뮤니케이터가 되어야 한다. 상대방의 말이 잘 들리지 않을 때 답답한 마음을 '나와 다른 누군가의 경험을 접하게 됨에 대한 감사'로 전환시키는 적극적인 태도를 갖고 있어야 한다. 상대방의 말이 잘 들리지 않는다고 무작정 좌절하거나 불쾌해하기 전에, 잘 안 들리므로 상대의 말에 더욱 집중하게 되는 자신의 경험에 초점을 맞추고 그것을 감사의 마음으로 받아들일 줄 알아야 한다. 내가 당시에 이 것을 알았다면 나의 조직생활은 달라졌을 것이다. 보다 웃으며 일할 수 있었을 것이고 그만큼 성과를 만들어 냈을 것이며 포지션은 저절로 따라왔을 것이다.

팀원의 말이 잘 들리지 않는 상황에 팀장이 머릿속에 떠올려야 하는 두 가지를 다시 정리해 보자. 우선 팀원의 말을 잘 듣지 못한 자신에 대해 반성하자. 그리고 나와 다른 팀원의 경험을 습득할 기회를 가지게 되었다는 점을 감사하자. 조니 김의 성공비결을 기억하자. 그는 "잘 듣지 못하는 자신을 반성하고 자신의 상황에 감사하면서 상대방의 말에 집중하고 경청" 해서 성공하게 되었다고 말했다. 마지막으로 김수환 추기경의 생전 말씀을 마음에 새겨 보시길 권한다. "말을 배우는 데는 3년이 걸렸지만 경청을 배우는 데는 60년이 걸렸다."

팀원의 자발적 참여를 끌어내는 질문

팀장이 팀원들에게 하는 말을 정리해 보면 의문문이 상당한 비중을 차지한다. 팀장은 언제나 확인해야 할 것이 있는 사람이고 확인이란 팀원들에게 묻는 일이니 말이나. 그렇게 보면 팀장의 말투를 정비한다는 것은 상당 부분, 질문 방식을 다듬는 일이다.

당신은 어떤 말투로, 어떤 패턴으로 팀원들에게 질문하고 있나? 우선 다음의 예를 보자.

팀장: 요즘 사장님이 가장 중요하게 여기는 게 뭔지 아십니까?

김 사원: 매출 달성 아닌가요?

팀장: 이 과장님은 뭐라고 생각하십니까?

이 과장: 음, 회사의 수익을 최대한으로…

팀장: 참 답답하네요. 박 대리는 알고 있나요?

박 대리: ….

팀장: 지난주에 출시된 상품 가입자 유치에 주력하고 있잖습니까. 왜들 회사에 관심이 없으시죠?

김 사원, 이 과장, 박 대리: …. ('그냥 말해주면 되지, 뭘 그리 아는 척을'이라고 생각한다)

팀장은 자신의 답을 이미 정해놓고 팀원들에게 질문했다. 그 정답이 나올 때까지 '팀원들이 말하는 답은 모두 오답'이라고 윽박지른다. 마지막에 자신이 알고 있는 '정답'을 공개하면서 어깨에 힘을 준다.

팀원들은 자신의 생각이 아닌, 팀장의 생각에 맞춰야 살아남는다는 것을 본능적으로 깨닫는다. 그러니 이 방식이 팀장의 입장에선 팀 운영의 묘수일 수도 있겠다. 그런데 이런 팀에서 의사소통이 원활하게 이뤄질 수 있을까? 아래로부터의 혁신을 기대할 수 있을까? 아닐 것이다.

좋은 질문이란 무엇인가

질문은 닫힌 질문과 열린 질문으로 나뉜다. 팀장이라면 팀원에게 열린 질문을 적극적으로 던지는 게 좋다. 예를 들어 보자. "물 한 잔 드릴까요?"라고 묻는다면 대답은 짧고 분명하겠지만 그 이상의 정보는 얻기 어렵다. 하지만 "어떤 음료수 좋아하세요?"라고 묻는다면 길고 구체적인 정보를 얻을 수 있다. 마찬가지다. "목표달성 가능한 상황입니까?"라는 닫힌 질문이 필요한 때도 분명 있지만, 그런 상황이 아니라면 "목표달성을 위해 무엇을 어떻게 하고 있습니까?"라는 식으로 열린 질문을 던지자. 그러면 팀원이 목표달성 가능성에 대해 어떻게 생각하는지에 대해 들을 수 있고 그들이 가지고 있는 동기와 욕구도 파악할 수 있을 것이다. 이것들은 팀장이 이후에 어떤 판단을 할 때 핵심 정보로 활용할 수 있는 사항들이다.

열린 질문을 던지는 것은 소통의 개방성을 지향하는 일이다. 열린 질문이란 정해진 것, 확실한 것만 주고받는 게 아니라 확정되지 않은 가능성과 아주 세세한 정황까지 모든 것을 말하게 하는 질문법이자 대화법이다. 열린 질문을 던짐으로써 팀장은 아직 확정되지 않은 것들과 진행상황에 대한 다양한 정보를 얻을 수 있다.

열린 질문 속에 "누가? 무엇을? 언제? 어떻게? 어디서?"를 포함해 질문하면 더욱 좋다. 예를 들어 다음과 같이 질문해 보자. "이 결정에 타 부서에서 어떤 사람들이 관여했는지 알고 있는 게 있나요?", "6개월 후, 그리고 3년 뒤에는 어떤 업무를 맡고 싶습니까?", "제가 말한 것에 대해 어떻게 생각하는지 궁금합니다."

팀장은 왜 질문을 잘해야 하는가

앞선 사례에서 팀장이 보여준 질문의 패턴은 다소 유치하다. 팀장이 질문 하나만 잘해도 팀의 소통 문화는 질적으로 개선된다. 그런데 그는 질문을 '갈굼'의 수단으로 사용했다. 안타깝다. 물론 이해는 된다. 그가 그동안 보고 들은 게 이런 식의 품격 없는 질문이었을 것이다. 그도 누군가를 흉내 내고 있을 따름일 것이다. 하지만 누군가를 흉내 낸 것이더라도 책임과 결과는 당신 자신에게로 돌아온다. 그러니 팀원에게 어떤 질문을 어떤 패턴으로 던지고 있는지를 스스로 돌이켜 보자.

열린 질문을 소모적인 시간낭비로 여기는 이들이 있다. 성과, 목표달성, 숫자 등에 시달리는 팀장이 신속한 모범답안만을 원하는 것은 당연한지도 모른다. 급하게 단답식의 대답을 구하며 일을 빠르게 진행해야 할 때도 분명 존재한다. 하지만 팀원에게 질문을 잘하면 팀의 성과가 오르며 건강한 조직문화가 만들어진다는 것, 그리고 시간을 들여 제대로 열린 질문을 던지는 게 오히려 문제해결의 지름길일 때도 분명 존재한다는 것을 잊지 말자.

만약 당신이 팀원의 능력을 최대치로 이끌어내고자 하는 팀장이라면 구성원의 자발적인 참여를 이끌어내는 질문이 무엇인지를 알아야 한다. 팀원에게 무언가를 지시해야 할 때도 "이거 하십시오. 저거 하십시오"라고 말하기보다는 "이건 어떨까요? 저건 어떨까요?" 하는 질문 형식으로 지시하면 대화가 유도되니 지시하고자 했던 것을 보다 구체적이고 현실적으로 수정해 지시할 수 있게 된다. 지시의 결과물은 당연히 탁월해진다.

어린이들은 질문에 질문을 거듭한다. 왜일까? 호기심 때문이다. 세상에 대한 호기심, 즉, 보이는 모든 것에 대한 열정이 있기에 질문을 하는 것이다. 마찬가지다. 팀장이 팀원을 향해, 혹은 팀원이 팀장을 향해 호기심과 열정 가득한 질문을 하고 있지 않다면 그건 서로에 대해, 팀에 대해, 조직에 대해 관심이 없다는 말과 같다. 열린 질문의 문화는 살아있는 팀을 만드는 원동력이자 팀의 에너지가 살아있다는 증거다.

팀장이 상사에게
꼭 해야 하는 말

페이스북의 최고 운영 책임자(COO)인 셰릴 샌드버그(Sheryl Sandberg)는 2008년에 페이스북에 입사하면서 CEO인 마크 저커버그(Mark Zuckerberg)에게 한 가지를 요청했다. "일하면서 나에게 불만이나 조언할 것이 있으면 바로 말해달라." 샌드버그는 피드백을 적극적으로 이용할 줄 아는 사람이다.

피드백을 윗사람이 아랫사람에게 해주는 것이라 이해하고 있는 경우가 있는데 잘못된 것이다. 현명한 사람은 피드백을 위아래 어떤 방향으로든 적극적으로 요청한다. 누구에게 피드백을 요청하느냐의 문제보다 더 중요한 건 자신의 목적 달성을 위해 스스로 타인의 피드백을 요청하는 적극적인 태도다.

사실 팀 내에서의 피드백은 팀원이 팀장에게 할 때가 진짜다. 팀장이 용기를 내서 팀원에게 피드백을 요청하는 순간, 그 팀장은 자기 성장에 도움이 되는 핵심역량을 성장시켰을 뿐만 아니라 팀의 소통 효율을 극대화시킨 셈이다. 실제로 팀장의 능동적 피드백은 팀의 성과와 직결된다. 그러니 피드백을 상대방에게 요청하는 건 팀장이 기꺼이 관리해야 할 역량이자 업무책임 중 하나다. "팀장이 어떤 피드백을 어떻게 하고 있는가" 하는 문제는 팀장의 리더십 개선과 팀원의 역량 강화, 그리고 이를 통한 조직의 성과달성 모두에 있어서 핵심적 문제가 된다.

　　그러니 자신이 위아래에 어떤 피드백을 하고 있는지를 점검하지 않는 팀장은 직무유기를 하고 있는 셈이다. 특히 팀원들에 대한 피드백을 게을리하는 건 금기다. 팀장이 피드백을 하지 않는 건 팀을 자율적인 분위기로 운영하는 게 아니라 방치하는 것이다.

건강한 피드백의 핵심요건

기본적으로 팀장은 항상 팀의 방향성과 팀원들의 업무에 피드백할 수 있어야 한다. 피드백에 항시 대기 중이어야 한다는 말이다. 그리고 팀장은 팀원들에게 피드백을 적극적으로 요청할 줄 알아야 한다. 이렇게 양방향적 피드백에 거침없는 팀장의 태도를 팀원들이 간파하면 그들은 팀장과 어떤 논의든 두려움 없이 나누기 시작할 것이다. 이것만으로도 이미 그 팀의 커뮤니케이션 점수는 백 점이다.

팀장과 팀원 간의 활발하고도 건강한 피드백에 있어서 가장 근본적인 건 무엇일까? 팀원이 생각하기에 자신이 성장하는 데에, 그리고 당장 이 일을 제대로 해내는 데에 팀장의 피드백이 필수적이라는 기대감을 품고 있어야 한다는 것이다. 그렇다면, 팀원의 마음속에 이 기대감을 형성해주기 위해 팀장이 가장 본질적으로 갖춰야 할 말투는 어떤 것일까? 다음 문제에 답해 보자.

> Q. 다음 두 가지 태도 중 팀장에게 보다 유익한 태도는 어떤 것일까?
>
> ① 벼는 익을수록 고개를 숙인다.
> ② 벼가 고개를 미리 숙이면 빨리 익는다.

정답은 ②다. 피드백 요청은 본질적으로 도움을 요청하는 것이다. 그러니 본질적으로 피드백의 밑바탕에는 겸손이 깔려 있어야 한다. 사람들은 겸손한 사람을 돕는다. 그러니 주변의 도움을 받지 못하고 있다면 이는 겸손하지 못해서다. 도움을 요청하지 못하는 것도 겸손하지 못해서다. 고개를 먼저 숙이면 얼마든지 도움을 받을 수 있는데, 고개 숙이는 그 순간이 어색하고 싫어서 도움을 요청하지 못한 채 늘 그저 그런 자리에 머무는 직장인들이 실제로 너무나 많다. 팀장으로서 솔선수범하도록 하자. 팀장이 겸손한 말로 팀원들에게, 그리고 윗사람에게 피드백을 요청하기 시작하면 팀 안에는 건강하고 적극적인 피드백 커뮤니케이션 시스템이 반드시 구축된다. 그러면 그 팀은 분명 눈에 띄는 성장을 이뤄나가게 될 것이다.

다시 한번 강조한다. 회사에서 최고의 언어는 겸손의 언어다. 겸손한 말로 아낌없이 피드백을 요청하고, 적극적으로 피드백에 응답하자. 위아래에 도와달라는 말을 겸손하게 할 줄 아는 그런 팀장이 단기적으로도 장기적으로도 승리자가 될 가능성이 대단히 높다는 사실을 기억하기 바란다.

그런데 왜 당신은 이제껏 이렇게 하지 못했을까? 마음에 여유가 없기 때문이다. 당신의 팀원들도 사정은 마찬가지다. 피드백을 요청하는 게 자신의 부족한 모습을 드러내는 것처럼 비춰질 수 있다는 의구심이 그들을 침묵하게 한다.

팀장은 팀 안에 이 의구심이 더 이상 자리하지 않도록 몰아내줘야 한다. 제때 피드백이나 도움을 요청하지 못하면 작은 문제가 악화되어 팀이 위기에 직면하게 될 수 있으니 이는 팀장이 해야 할 일이 분명하다.

그렇다면 팀장은 팀원들에게 어떤 말을 습관적으로 해주는 게 좋을까? 자신의 부족을 인정하고 공개하며 타인에게 당당하게 SOS를 칠 줄 아는 사람이 진짜 합리적인 사람이며 문제관리 능력이 출중한 사람이라는 점을 항상 강조해줘야 한다. 팀원들에게 다음과 같은 말을 거리낌 없이 자주 해주도록 하자.

"아, 이 부분은 솔직히 아직도 고민입니다. 팀원 여러분이 좀 도와주면 좋겠습니다."

"우리 프로젝트, 이제 막바지입니다. 제가 이거 하나만 해결하면 큰 부분은 거의 끝입니다. 좀 불안한데 다 함께 머리를 좀 모아주겠습니까?"

"이 대리가 이 일과 유사한 일 해 봤다고 했죠? 저는 아직 좀 혼란스러운데, 이 대리가 한번 설명해줄래요?"

상부에 피드백을 적극적으로 요청하라

낮은 자세로 도움을 요청하는 사람을 함부로 거부할 사람은 없다. 평소 원수처럼 지내지 않았다면, 혹은 원수처럼 지냈다고 하더라도 도와달라는 부하직원을 내칠 상사는 없다. 상사를 내칠 부하직원이 없는 것처럼 말이다. 팀장이 자신의 윗사람에게 적극적으로 도움을 요청하는 모습을 보이면 이를 본 팀원들 역시 어려운 순간에 팀장에게 자신을 맡기고 기대기를 어려워하지 않을 것이다. 잘나가는 한 임원은 상부의 피드백이야말로 팀장이 반드시 얻어내야 할 것이라고 강조하면서 이렇게 말했다.

> "우리 회사 영업부서 정 팀장 알죠? 그 친구가 탁월한 게 하나 있습니다. 도움을 요청하는 것에 일가견이 있어요. 어떻게 하느냐면 '이사님, 이번 프로젝트가 저에게는 너무나 중요합니다. 그런데 기획팀의 협조를 받기가 힘듭니다. 이사님께서는 이미 유사한 프로젝트를 성공시키지 않았습니까. 도대체 어떻게 기획팀을 설득하셨습니까?' 이렇게 말하는 데 내가 어떻게 가만히 있겠어요. 발 벗고 나서지 않을 수가 없죠. 그 친구, 상사를 아주 잘 이용할 줄 아는 친구예요. 허허허."

자신의 부족함에 대해 솔직하게 인정하고, 한편으로는 자기의 결핍에 대해 해결할 수 있는 사람을 찾아 도움을 요청할 줄 아는 팀장이 되자. 윗사람으로부터 피드백을 요청하는 것은 팀원에 대한 피드백만큼 중요하다는 걸 잊지 말자.

삼성과 롯데 등에서 재직했던 어떤 분이 윗사람에게 피드백을 요청해야 하는 이유에 대해 이렇게 설명하는 걸 들었다. 그는 '보고'하는 상황에 대해 이야기했다.

"사전 보고를 통해 상사의 피드백을 받아내야 하는 이유는 두 가지입니다. 하나는 좀 더 나은 아웃풋(output)을 만들기 위해서죠. 내가 만든 것보다는 선배의 식견이 반영된 수정본이 보다 품질이 좋은 것은 당연한 것 아니겠습니까? 다른 하나는 일종의 '면피'가 가능하기 때문입니다. 책임은 리더가 지게 됩니다. 담당자는 문제가 될 사안을 사전에 보고하고 리더의 피드백에 따라 움직이면 제 역할을 다한 거죠. 문제가 생기면 그건 보고를 받았던 사람의 몫입니다."

좀 더 나은 아웃풋에 면피까지 가능한 도구라니! 팀장이 상사의 피드백을 절대 놓칠 수 없는 이유다. 겸손한 태도로 상사에게 피드백을 적극적으로 청하자. 악수를 청하는 일이라고 생각하자. 그리고 그로부터 악수를 받자. 만약 상사가 먼저 악수를 청하면 "감사합니다!" 하며 손을 콱 잡으면 된다.

팀장이 반드시 버려야 할
말투 3가지

팀 내 커뮤니케이션을 부지불식간에 제 손으로 가로막는 팀장들이 있다. 팀원이 팀장에게 말하기를 꺼리는 단계에 진입하면 팀장이 설 자리를 잃는 건 시간문제다. 이런 상황은 감정적이고 무능한 팀장들보다 논리적이고 성실한 팀장들에게 찾아온다. 당신이 감정을 배제하고 논리적으로 모든 일을 해결해 나가고자 하는 성실한 팀장일수록 정말 답답하고 억울할 것이다. 더 늦기 전에 예방하자. 대단한 처방이 필요한 게 아니다. 아주 기본적이어서 많은 팀장들이 간과하는 몇 가지 간단한 규칙만 준수하며 말하면 된다. 이게 논리적인 팀장에게 어울리는 합리적인 말투다.

1. 팀원이 사고 쳤을 때
팀장이 해야 할 말, 하지 말아야 할 말

당신의 후배인 이 대리가 입찰에 참여했던 프로젝트가 실패로 끝났다. 이후 팀 전체와 임원들이 모두 참여한 회의에서 이사 님이 "제대로 준비를 안 했으니 수주에 실패한 거 아닙니까!" 하며 화를 낸다. 이 대리의 직속상사인 당신, 정답을 말해주고 싶은 당신. 가만히 있을 수는 없다. 그래서 입을 열었다. "이 대 리, 저도 말했잖아요. 담당자와 미리 충분히 친해져야 한다고 요. 그게 필요하다는 게 팩트라니까요."

팀장은 방금 말을 잘못했다. 팀원이 사내에서 문제를 일으 켰을 때 팀장이 해야 할 일은 무엇일까. 당신의 팀원은 회사의 자원 중 하나다. 회사의 자원이 다시 쓸모 있게 쓰일 수 있도 록 보수하고 관리하는 게 바로 팀장이 해야 할 일이다.

그렇다면 위와 같은 상황에서 당장 팀장이 이 대리에게 줘 야 할 것은 정답이나 해결책이 아니다. 이 대리에게 어떤 제대 로 된 해결책을 줘야 할지 고민하기 전에 팀장인 당신은 아직 문제의 늪에 빠져 있는 팀원이 더 빠져들어가지 않도록 잡아 주는 '공감책(共感策)'을 먼저 고민하는 게 순서에 맞다.

그럼 어떤 말을 어떻게 해야 할까? 이사님에게는 "죄송합 니다. 팀 회의에서 대책을 즉시 마련하고 보고드리겠습니다.

앞으로는 제대로 준비하겠습니다" 하며 팀장으로서 책임지는 모습을 보여라. 회의가 끝난 뒤에는 이 대리가 확실히 배우고 재기할 수 있도록 배려하며 말해라. 이때 당신의 지난 실패담은 훌륭한 화제가 된다. "5년 전 일이었나요. 저도 이런 적 있습니다. 그때 정말 많이 깨졌는데 그래도 어찌어찌하다 보니 지금도 직장생활 잘 하고 있네요"라고 말함으로써 팀원이 긴장을 낮추고 스스로 극복해 나가겠다는 의지를 가지게 해주어야 한다. 그게 정답이다.

몇 년 전 아시안게임에서 최용수 해설위원이 인기를 끌었다. "2002 월드컵 미국과의 경기 때 제 모습을 보는 것 같네요"라는 말이 사람들에게 인기였다. 그가 언급했던 미국전에서 그는 선수로 뛰었는데 아주 중요한 골 찬스에서 실축했다. 그는 '셀프디스', 즉 약간의 자기비하로 축구 팬들의 분노를 풀어줬고 실책한 선수의 짐을 덜어줬다.

이것이 '못난 척'의 힘이다. 그러니 때로는 기꺼이 못난 척 하자. 당신이 못난 척을 하더라도 당신의 의도를 눈치챈 팀원들은 절대 당신을 못난 사람으로 보지 않는다. 오히려 솔직하고 확실하며 너그러운 팀장으로, 즉 잘난 사람으로 당신을 다시 보게 될 것이다. 즉 못난 척은 팀원을 살리는 팀장의 기술이자 팀원과의 벽을 허무는 팀장의 비법이다.

2. 팀원이 부정적 감정을 드러낼 때
    팀장은 어떻게 말해야 할까

Q. 다음 상황에 이어질 팀장의 말로 가장 바람직한 것
   은?

> 팀원인 박 대리가 당신을 찾아왔다. 그리고 하소
> 연한다. "제가 기획한 워크숍이 상무님 마음에
> 들지 않았나 봐요. 화를 내면서 저를 꾸짖으셨어
> 요. 꼭 바보가 된 기분이었어요."

① "직장 생활 다 그렇죠 뭐. 그런 일로 감정에 사로잡
   혀 있으면 안 돼요. 정신 차려요!"
② "도대체 뭐가 문제였냐고 따져 물었어야죠!"
③ "그래요? 당황스러웠겠네요."

공감하는 반응을 보인 ③이 가장 바람직하다. 이유는 무엇

일까. 이 상황의 본질은 임원이 당신이 없는 자리에서 당신의 팀원에게 자신의 의견을 표출했다는 데 있다. 팀원은 해석을 덧붙여 전달하고 있는데, 팀원은 일의 맥락을 한정적으로 알고 있으니 그의 해석은 제한적일 수밖에 없다. 팀장으로서 당신은 임원의 의견을 제대로 파악하는 일에 착수해야 한다. 그러니 팀원으로부터 그 당시의 상황과 말의 내용과 어조까지 가급적 많은 걸 전해 듣는 게 우선이다.

돌아가신 김수환 추기경의 일화가 있다. 추기경께서 언젠가 한 수녀원에서 강연을 하게 되었는데 강연을 듣는 수녀님들의 리액션이 장난이 아니었단다. "우와!", "네! 좋아요!" 강연 후 추기경께서 이렇게 말했다고 한다. "하도 맞장구들을 잘 치는 바람에 제가 속에 있는 얘기를 모두 꺼내버렸네요. 게다가 다음에 또 오겠다는 약속까지 어느새 해버렸네요."

그러니 팀원의 말을 풍성하게 끌어내고자 한다면 일단 무조건 긍정적으로 반응하고 공감해라. 정확하게는 팀원의 감정을 긍정하고 공감해라. 팀원이 속상하다거나 서운하다고 말로 표현하는데도 불구하고 그에 대해 응답하지 않고 팀원의 감정적 태도를 무시하거나 비판한다면 팀원은 팀장에게 입을 닫을 것이다. 그러면 팀장은 자신이 듣고자 하는 정보를 스스로 차단하는 셈이다.

팀원이 속상함을 드러낼 때 이를 팀장의 필요에 맞춰 억지로 혹은 전략적으로 공감하는 척하라는 이야기가 아니다. 팀원을 편안하게 다독여주는 것, 팀원을 제대로 파악하고 이해하는 것도 팀장의 책임이다. 팀원의 감정을 있는 그대로 긍정적으로 받아들이고 이에 공감하는 반응을 보이는 것이 팀원을 위로하고 다독이는 데에도, 그리고 팀원에게 일어난 일을 제대로 파악하는 데에도 바람직하다는 말이다. 그러므로 팀원의 감정을 부정하는 건 팀장이 할 말이 아니다.

3. 팀원이 소통하기 힘들어 할 때 팀장은 어떻게 부정적 몸짓을 바꿔야 할까

당신의 몸짓 하나에 반응하는 사람들이 있다. 당신이 아이돌처럼 인기가 많은 사람이어서가 아니다. 당신이 팀장이기 때문이다. 팀원들은 당신의 몸짓에서 메시지를 읽는다. 소통을 외치는 많은 팀장들이 몸짓으로는 소통을 차단하고 있는 경우가 많다. 당신은 어떨까? 당신이 아무 말도 하지 않았는데 난데없이 '갑분싸(갑자기 분위기가 싸해진다는 뜻의 유행어)' 되는 경험을 한 적이 있나? 그렇다면 급하다. 당장 다음의 체크리스트를 가지고 당신이 평소 별 문제의식 없이 하는 행동들이 몇 개나 되는지를 점검해 보자.

■ 부정적 몸짓 체크리스트

□ 두 팔을 마주 넣어 팔짱 끼기

□ 볼펜 등으로 책상을 탁탁 치기

□ 한숨 쉬기

□ 휴대폰 알림에 즉시 반응하기

□ 혼자 미소 짓거나 혼잣말하기

이 체크리스트에서 2개 이상을 체크했다면 당신의 커뮤니케이션 점수는 낙제점이다. '내가 말을 얼마나 조심스럽게 하는데' 하며 억울할 수도 있겠다. 하지만 몸짓도 언어다. 심리학자 앨버트 메라비언(Albert Mehrabian)이 밝힌 '메라비언의 법칙'에 따르면 상대방에 대한 이미지를 형성할 때 시각 요소는 55%, 청각 요소는 38%, 말의 내용은 7%의 영향력을 발휘한다. 그러니 당신이 아무리 좋은 말을 하더라도 몸짓에 문제가 있으면 팀원에게는 전혀 다른 메시지가 전달될 수 있다.

'왜 아무리 노력해도 팀원들과의 소통의 벽이 허물어지지 않는 걸까?'라고 고민해 왔다면 당신의 몸짓에 집중해 보자. 당신은 몸짓으로 꾸준히 소통의 벽을 쳐 왔을 수 있다. 포용적이고 공감하는 말이 팀장에게 필요한 것처럼 팀장에게는 포용적이고 공감하는 몸짓이 필요하다.

체크리스트에 제시된 팀장의 몸짓을 보는 팀원의 머릿속은 복잡해진다. '내가 무슨 실수를 했나?', '팀장이 말로는 좋다고 했지만 속으로는 그렇게 생각하지 않는군', '팀장 마음에 뭔가 걸리는 게 있군' 하는 생각이 들고 그 걱정에 압도되고야 만다. 팀장과의 커뮤니케이션에서 팀원이 메시지를 깔끔하게 전달받지 못하는 셈이다. 이것 때문에 팀원은 팀장과 대화하기가 꺼려질 수 있다. 그러니 체크리스트의 습관들을 뿌리 뽑기 위해 의식적으로 노력하자. 그래야 당신의 말이 명쾌하게 잡음 없이 전달되고 팀원은 팀장과의 대화를 깔끔하고 유쾌한 긍정적 커뮤니케이션으로 여길 수 있다.

"올바른 논리, 정확한 분석을 말로 드러내는 것이 커뮤니케이션의 성공 열쇠다"라고 생각하고 있었다면 그 착각과 당장 이별하기 바란다. 논리보다는 이해력과 공감력이 업무 현장에서 더욱 중요하다. 팀원을 직설적으로 질책하는 말투, 부정하는 말투, 불편한 몸짓을 이제 버리도록 하자. 합리적인 팀장이라면 안 할 이유가 없는 선택이다.

2장

존경까지는 됐고,
인정받는 팀장의 말투

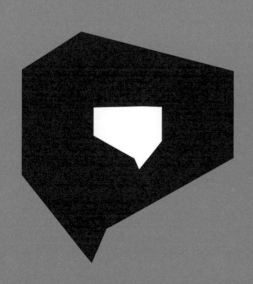

How the team leader speaks

팀원들이
좋아하는 말투

팀장이 리더로서 기억해야 할 단 하나의 키워드가 있다면 무엇일까. 솔선수범이다. 팀원들의 업무 방식을 변화시키고 싶다면, 팀의 소통 활력을 높이고 싶다면, 팀을 제대로 이끌어가고 싶다면 어떤 경우든 팀장은 모범을 보이는 것부터 시작해야 한다.

솔선수범이라는 규범은 만고불변의 진리다. 그런데 생각보다 어렵다. 바쁘게 업무를 처리하고 때에 따라 감정에 휩싸이다 보면 말과 행동을 무의식적으로 하게 되고 자신의 말과 행동이 어느새 솔선수범과 거리가 멀어져 있다는 걸 깨닫게 될 것이다. 그래서 솔선수범을 무의식적으로 하게 만들어주는 한 가지 마음가짐을 권하고자 한다. 바로 당신의 팀에 대한 사랑이다.

팀장이 가져야 할 사랑의 기본

팀장이 가져야 하는 사랑이란 커뮤니케이션 측면에서 바라본다면 팀원들의 "노!"를 받아들일 준비가 되어있는 상태를 말한다. 이런 상태의 팀장을 팀원들은 '대화의 전제조건이 갖춰진 팀장'이라 인식한다.

팀장은 팀원 각자가 자신을 팀의 주인공으로 인식할 수 있게 해줘야 한다. 그리고 팀원들이 자신 외의 팀원들을 또 다른 주인공으로 대우하게 만들어야 한다. 팀원 모두가 자신과 타인을 주인공으로 대우하는 팀에서 팀장은 강력한 리더가 된다. 다음의 사례를 보도록 하자.

가족, 배우자, 애인, 자녀 등 당신이 사랑하는 사람들을 떠올려 보자. 사랑하는 사람들을 생각하면 애틋해진다. 그들을 위해 많은 것을 해주고 싶을 것이다. 이 '무엇인가를 해주고 싶은 마음'이 곧 사랑일 것이다. 그럼 당신의 팀에 대해 당신은 어떤 마음을 가지고 있나. 과연 당신은 당신의 팀을, 팀원들을, 조직을, 회사를 사랑하고 있나. 그들을 위해 무언가를 해주고 싶은 마음이 있나. 그리고 그들 각자를 주인공으로 존중해주고 있나.

잘나가는 한 금융 벤처사의 조직문화 관련 사례가 있다. IT 기업에 있다가 그 회사에 경력직으로 이직한 분이 그 회사의 소통문화가 대단하다며 칭찬했다. 한 가지 예를 들자면 관련 부서가 모두 함께 볼 수 있는 웹게시판이 있는데 그곳에 자신이 잘 모르는 것을 누군가가 문의하면 사방에서 메시지가 온다. 모두 "도와주겠다"라고 한다는 것이다. 그 회사는 업무량이 많고 퇴근 시간도 일정하지 않지만 다른 구성원들로부터 '무언가를 해주고 싶은 마음'을 받고 있다는 사실에 높은 근무 만족도를 느끼고 있다고 했다.

당신이 팀장으로 있는 팀의 소통문화가 이렇다면 얼마나 좋을지 상상해 보자. 팀장과 팀원, 그리고 팀원들이 서로를 애틋하게 여기고 서로를 돕고자 하는 말과 태도를 서로에게 보인다면 그 팀의 잠재력은 대단해진다. 그 팀의 팀장 리더십 또한 대단해진다.

한 철학자가 말하길 "사랑이란 상대방이 좋아하는 것이 뭔지 아는 것입니다. 그리고 사랑한다는 건 상대방이 좋아하는 일을 한다는 것입니다"라고 했다. 이를 팀에 적용해 보자. 팀을 사랑하는 팀장이라면 팀원들이 좋아하는 게 무엇인지 파악해둬야 한다.

'홍 과장은 회사에서 뭘 하고 싶어 하는지 모르겠네' 혹은 '김 대리는 내가 없으면 놀 생각만 하는 것 같네' 하는 선입견만 가득한 팀장에게는 팀을 사랑하는 마음이 제대로 일어날 수가 없다. 팀에 대한 사랑이 부족하다면 팀장은 솔선수범이라는 규범을 제대로 실천하기 어렵다. 제대로 솔선수범하지 못하는 팀장은 강한 리더십을 세울 수 없다.

팀장이 가져야 할 사랑의 정체

그러니 팀장이라면 팀원 각각이 어떤 비전을 가지고 살아가는지, 가치관은 어떤지, 어떤 것에 관심을 두고 즐기며, 어떤 것에 참을성이 있고 어떤 것을 견디지 못하는지 등을 제대로 파악하자. 그렇게 파악한 그들의 기호는 팀장이 업무에서부터 관계에 이르기까지 모든 것을 판단하고 결정할 때 훌륭한 기준이 된다. 그리고 팀원들은 자신의 팀장이 그들의 기호에 관심이 있고 그것을 존중한다는 점을 깨달으면 팀장의 진실성을 인정하게 될 것이다. 팀장이 팀을 사랑하는 마음 자체가 팀원들에게 솔선수범이 되어 팀원들 또한 팀을 가볍게 여기지 않고 애정하게 될 것이다. 그렇게 팀원들은 팀장의 리더십을 긍정하게 될 것이다.

팀원들에게 말할 때 팀장이 그들의 성향을 파악하고 있으며 그것을 존중한다는 점을 자주 드러내자. 그리고 응원과 격려를 더하자. 예를 들어 보자면 다음과 같이 말하자.

"사업분석이라면 이 대리 관심분야죠. 트렌드 분석은 거의 동급최강이에요."
"역시 박 차장님이 저의 휴가 공백을 훌륭하게 커버하셨군요. 정말 믿음직하십니다. 고맙습니다."
"그때 외부업체가 모호하게 넘어가려 했을 때 김 과장이 제대로 질문해서 사고 막았잖아요. 깔끔한 업무처리에 정말 일가견 있습니다."

팀장의 말이 오직 업무 지시나 근태 관리 같은 기능적인 부분에만 치우친다면 그 팀장은 리더십을 구축할 수 없다. 기계가 아니라 사람이 관리직에 앉아 있는 이유가 무엇일지 생각해 보자. 당신의 팀을 멋지게 세팅하는 일이 팀장인 당신의 말에 달려 있다. 사랑이라는 키워드를 마음속에 넣고서 팀장이 말하고 행동해야 팀원들은 팀장인 당신을 존중하고 당신의 리더십은 공고해지기 시작한다. 그래야 당신에게 비로소 팀장의 권위가 실리기 시작할 것이다.

칭찬할 때 써야 할 말투,
지적할 때 써야 할 말투

팀장: 이번 주말에 뭐해요?

팀원: 친구와 만나서 관악산에 가려고요.

팀장: 등산? 요즘에도 그런 걸 하나요?

팀원: 네. 왜요?

팀장: 등산도 좋지만 차분하게 앉아서 책을 읽는 습관을 들이는 게 어떨까 해서요.

팀원: ….

분명 팀장은 팀원과 가벼운 대화를 나눠 보겠다는 마음으로 말을 걸었을 것이다. 하지만 다소 위험한 대화였다. 팀장의 잘못을 지적해 보겠다. 첫째, 팀장은 팀원에게 물어볼 만한 것을 물어봤다고 생각하겠지만 팀원의 생각은 다르다. 왜 사적인 것을 물어보냐는 게 우선 불만일 것이다. 둘째, 팀원의 취미에 대해 존중하지 않는 모습을 보인 것도 불쾌할 것이다. 독서가 좋은 취미라는 건 팀원도 안다. 하지만 팀장이 자신에게 취미를 강요하는 모습이 짜증스러울 것이다. 결국 팀원이 생각하기에 팀장은 내 사생활에 굳이 관심을 보인 뒤 그걸 또 굳이 부정하고 비난했다. 팀원은 결국 이렇게 생각한다. '뭐지? 팀장이 나를 미워하나?' 팀원들은 질책에 예민하다.

팀원들이 미움받을 용기를 가졌으면 좋겠다고 생각한 적이 있나? 팀장의 그런 생각은 착각이고, 나아가 불행의 씨앗이다. 그들은 미움받지 않고 일하기를 원한다. 미움받으면 그 상황에서 벗어나고 싶어 하거나 억지로 무시하면서 괴로워한다. 팀원을 가볍게 질책했는데 그가 그것을 자신에 대한 미움으로 판단해서 3일 동안 결근해버렸다는 어떤 팀장의 하소연을 들은 적이 있다. 극단적 사례이긴 하다.

사실 회사에서 질책을 당한다는 건 특정 이슈와 관련된 사내 대화에 자신의 이름이 오르내린다는 걸 의미한다. 즉 화젯거리가 된다는 것을 의미한다. 요즘 팀원들은 자신이 부정적인 이유로 누군가의 입에 오르내리는 것을 극도로 혐오한다. 사생활에 대한 조언도 개인적인 영역에 대한 침범이라고 받아들인다. 회의 시간에 자신을 두고 타인들이 이야기 나누는 것을 들으면 자신에 대한 모욕은 아니었는지를 고민한다.

기본적으로 질책과 칭찬 모두는 타인에 대한 일종의 평가와 일반화를 기반으로 한다. 그러니 질책과 칭찬의 말을 해야 하는 상황이 벌어지면 팀장은 충분히 고민하고 똑바로 표현해야 한다. 사실 이건 너무나 당연한 이야기다.

특히 질책하는 말을 해야 할 때 팀장은 각별히 주의해야 한다. 다른 사람에게서 싫은 소리를 듣는 것은 고통스러운 일이다. 누군가 내 단점을 지적하거나 실수를 비웃고 과거의 잘못을 일일이 따진다고 상상해 보라. 내 입장을 설명하려 해도 한낱 변명거리로 치부하고 경청해주지 않으면 괴롭고 화가 난다. 이런 상황이 반복된다면 성인군자가 아니고서는 울화가 치밀 수밖에 없다. 조심해서 제대로 말하지 않으면 팀원은 자신의 잘못이나 단점을 개선하기는커녕 일차적인 인지조차 제대로 하지 못할 수 있다. 그리고 팀장에 대한 반감과 거부감이 사무칠 것이다. 그렇다면 팀장으로서 잃는 게 더 크다. 제대로 하지 않는 질책은 안 하는 게 낫다.

그러면 어떻게 해야 할까. 질책을 줄이고 무조건 칭찬만 해야 하는 걸까. 아니다. 선을 넘는 질책과 마찬가지로 무의미한 칭찬은 문제해결에도 성과달성에도 역량향상에도 팀 분위기에도 팀장의 리더십에도 효과적이지 않다. 아니, 오히려 이 모든 걸 악화시킨다. 그러니 팀장은 질책과 칭찬을 전략적으로 세심하게 할 줄 알아야 한다. 질책과 칭찬을 할 때 팀장이 지켜야 할 원칙 세 가지가 있다.

첫째, 칭찬은 구체적으로 하자

섣부른 칭찬은 하지 않는 게 낫다. 진심이 결여된 기계적인 칭찬은 오히려 부작용을 유발한다. 진심이 결여된 것처럼 들리는 칭찬도 마찬가지다. 팀장은 진심을 담아서 "잘했어요!", "수고했어요!"라고 칭찬했더라도 칭찬이 짧게 끝나버리면 그 칭찬을 들은 사람은 칭찬의 진실성을 의심하게 된다. 그러니 칭찬은 구체적으로 해야 한다. "매출이 아닌 영업이익을 고민하는 전략을 따로 강조해서 설명한 점, 훌륭했어요. 잘했어요!"처럼 구체적으로 잘한 점을 언급해주자. 그래야 칭찬은 효과를 발한다.

둘째, 잘못은 한두 개로 압축하자

잘못을 지적하는 입장에서는 '그게 왜 잘못인지'를 조목조목 설명해 상대를 납득시키고 싶은 마음이 간절하기 마련이다. 하지만 당신이 말하는 이유나 근거는 팀원들에겐 단지 길고 긴 비난의 연속으로 받아들여질 뿐이다. 팀원이 더 묻지 않는 이상 잘못은 짧고 굵게 한두 개로 압축해 말하자. 그것만으로도 충분하다.

그리고 팀장의 입장에서는 한 번 질책할 때, 잘못한 팀원 이외의 사람들도 주의할 수 있도록 메시지를 널리 그리고 크게 전달하고 싶겠지만 이는 잘못한 팀원 본인에게는 수치스러움 그 자체라는 걸 잊지 말자.

셋째, 화내지 말자

화가 났더라도 표정과 목소리, 몸짓으로 이를 표현할 필요는 없다. 질책을 할 때는 감정을 최대한 자제해야 한다. 화가 났다는 걸 드러내는 순간 쌍방적 소통의 가능성은 사라지고 당신의 말은 일방적 폭언으로 여겨질 것이다. 팀원의 잘못에 대해 질책하는 말을 생략해버리고 격려만 하는 것도 때에 따라 좋은 방법이다. 어떤 팀장이 이렇게 말했다. "저는 팀원들이 업무에서 실수하고 '죄송하다, 미안하다'라고 말하면 그 말을 고쳐줍니다. 과거는 지나갔고 미래가 중요하니 '죄송하다'라고 말하지 말고 '잘하겠다'라고 말하라고 말이죠."

말 한마디도 조심해야 하는 당신의 고민에 위로와 격려를 보낸다. 중간관리자로서 감당하고 있는 무게감에 부담을 더 드린 것 같아 죄송하다. 하지만 이미 중간관리자 자리에 오른 당신이라면 질책과 칭찬의 말하기 전략을 고민하는 데 익숙해져야 한다. 이 세 가지 기본원칙을 준수하되 채찍과 당근을 어떤 말로 구체화할 것인지를 실제로 고민하고 다듬어나가는 건 이제 당신의 몫이다. 당신 팀원들의 성향에 맞는 질책과 칭찬의 말을 제대로 쓰면 당신의 리더십은 보다 확실히 지탱될 것이다.

호의를 권리로 아는 팀원을 대할 때 유용한 말

팀원이 잘못했을 때 "왜 이렇게 했어요!"라고 윽박지르는 대신 "그렇게 한 것에는 나름의 이유가 있겠지만 이렇게 하는 것이 더 나은 방법일 겁니다"라고 차분하게 말해줄 줄 아는 팀장이 되어야 한다.

여기에서 고민이 시작된다. '호의가 계속되면 권리인 줄 아는 사람'도 있기 때문이다. 좋은 말로 할수록 팀장을 만만하게 보는 사람이 안타깝게도 존재한다. 그들에게 어떻게 말을 해야 팀장의 권위가 손상되지 않을까? 그리고 어떻게 말해야 다시는 동일한 잘못을 저지르지 않겠다는 의지를 팀원이 스스로 다지게 됨으로써 질책 본연의 목적을 달성할 수 있을까?

세 가지 절대원칙

이를 '혼내는 법'이라고 생각하면 안 된다. 생각을 바꿔야 한
다. 혼낸다는 건 호되게 꾸지람을 하거나 벌을 준다는 말이다.
그런데 꾸지람이나 벌 같은 단어는 팀장의 영역이 아니다. 그
러니 절대 끝까지 화를 내지 마라.

팀원의 말과 행동 하나하나가 팀장을 자극하는 상황이라
는 게 분명 존재한다. 이때 절대 자극받지 마라. 팀장이 화를
표현하는 순간 팀장은 '진다.' 여유 있게 말하자. 그것만으로도
당신은 지지 않는다. 그리고 다음의 세 가지 절대원칙을 준수
하며 말하자.

첫째, 절대로 분노를 표현하지 않는다.
둘째, 나의 기준을 말한다.
셋째, 그의 기준을 듣는다.

다음의 사례를 보며 이 세 가지 기준이 잘 적용되어 있는
지 그렇지 않은지를 확인해 보자.

팀장: 재무팀 박 과장과 트러블이 있었다면서요?

팀원: 네. 현장의 사정은 이해하려 하지 않으시고 무조건 규정만 따르라고 하니 답답합니다.

팀장: 박 과장은 원칙을 따르자고 말하고 있습니다. 그리고 이번 일은 박 과장을 주로 하고 우리 팀은 보조하는 역할로 가야 합니다.

팀원: 그분 말씀이 틀린 건 아니지만 그게 옳다고 생각하진 않습니다. 맞추려고 노력도 하고 있고요. 팀장님도 이해 못 하시는군요.

팀장: 규정대로 하세요.

팀원: 정말 답답하네요.

팀장: 마무리 잘 해주시기 바랍니다.

첫째, 팀장은 화를 내지 않았다. 그 측면에서는 합격이다. 둘째, 팀장이 자신의 기준을 말했다는 점에서도 역시 합격이다. 원칙과 규정이라는 박 과장의 기준을 팀장도 지지한다는 점을 분명히 밝혔고, 해당 업무에서 팀 간 관계가 어떻게 되어 있는지를 상기시키며 강조했다. 셋째, 팀원의 기준에 대해 들어보려 하지 않았다는 점에서는 불합격이다. 팀장은 팀원이 자신의 생각을 상세히 말해 볼 기회를 제공하지 않았다. 끝까지 팀장의 생각만 일방적으로 강요하면서 대화를 끝냈다.

포기하지 말자. 질책하자

요즘 팀원들은 건강한 개인주의를 가지고 있고 합리적으로 정확하게 일처리하고 싶어 한다. 조직의 관습을 받아들이는 데 과거보다 긴 시간을 필요로 한다. 조직의 관습을 비판적 사고의 대상으로 여긴다. 관습 중 일부는 '받아들일 수 없다, 받아들이고 싶지 않다'라고 생각하기도 한다. 이들은 부모로부터 "잘한다"라는 칭찬과 "너는 뭐든 할 수 있다"라는 격려를 많이 받고 자란 세대다.

대부분은 건강한 개인주의와 조직의 일원으로서의 의무를 균형감 있게 조율하며 직장생활을 하지만, 그 균형감을 아직 제대로 형성하지 못한 경우라면 때로 문제가 야기되곤 한다. 그들은 팀장으로부터 "왜 일을 이렇게 했습니까"라는 식의 질책이 나오는 것에 좌절을 느끼며 이를 쉽게 '막말'로 여긴다. 이들의 약한 마음이 안타까워 질책하지 못하는 팀장은 자신의 임무를 다하지 않는 것일 뿐더러 계속되는 호의를 권리로 생각해버리는 무뢰한을 제 손으로 만드는 셈이다.

그러니 이런 팀원의 실수나 잘못을 수정해줘야 할 의무를 다하려 한다면 팀장은 확실하게 질책해야 한다. 이들의 예민한 좌절감을 확실하게 인식하고 제대로 무시해야 한다. 따라서 팀장에게는 원칙이 필요하다. 원칙대로만 질책하자. 자잘한 자극에 반응하지 마라. 절대로 분노를 표현하지 말고 팀장의 기준을 확실히 말하며 팀원의 기준을 상세히 묻고 반박하라. 그거면 충분하다. 그렇게 해야 팀장과 팀원의 거리가 유지되고 팀장의 위신이 흔들리지 않으니 주의하자.

칭찬할 때 효과가 두 배 높아지는
말투 두 가지

칭찬과 격려의 힘은 대단하다. 한 사람의 재능을 충분히 발휘하게 만드는 특별한 에너지를 심어주니 말이다. 사람이라면 누구나 인정받고자 하는 욕구를 가지고 있다. 그렇기 때문에 칭찬은 칭찬받은 사람으로 하여금 스스로 동기부여를 하게 하는 고차원의 말투 스킬이다.

지금 당장 눈앞에 있는 팀원을 불러 최근의 일을 하나 들어 구체적으로 칭찬해 보자. "어제 올린 김 대리 보고서, 최고였어요. 경쟁사 전략까지 진짜 깔끔했어요. 진짜 일 좀 하시네요." 어떤 일들이 이어질까.

팀장이 해야 하는 두 가지 칭찬

누구든 두려움이 있으면 조직 내에서 자유롭게 자신의 생각과 주장을 이야기하지 못하고 침묵한 채로 상부의 눈치만 보게 된다. 새로운, 혹은 어려운 일을 해야할 때가 되면 실패에 대한 부담 때문에 회피하고자 한다.

그러니 두려움을 없애줘야 누구든 창의적으로 사고하고, 다양한 의견을 내며, 논의에 적극적으로 참여한다. 당신이 팀원들에게 긍정적인 말투와 칭찬을 아낌없이 주어야 하는 이유다.

팀장이라면 윗사람에 대한 칭찬에도 능숙해야 한다. "상무님, 이번 거래 어떻게 성공하신 건가요? 우리 팀원들이 상무님 노하우를 배우자고 지금 난리가 났습니다. 축하드려요." 이런 칭찬은 아무리 주고받아도 어색하지 않다.

단, 아첨은 금물이다. 아첨이란 개인이 특별히 노력을 들이지 않았음에도 얻은 것, 혹은 개인이 과정을 직접 통제할 수 없었지만 얻게 된 것을 높이 평가하는 말이다. "이사님은 술이 정말 세요. 얼굴도 잘 생기셨어요. 최고입니다!"라는 말은 듣는 사람도 받기를 거부하는 저급한 아첨이니 주의하자.

팀장도 칭찬을 제대로 누려야 하는 이유

한발 더 나가 보자. 칭찬을 하는 것 이상으로 칭찬을 잘 받는 것이 중요하다는 점에 대해 생각해 보자. 사회가 각박해지다 보니 '칭찬 빈곤'의 시대가 되었다. 그러다 보니 칭찬을 하는 것은 물론 받는 것에도 어색해졌다. 좋은 일일수록 더욱 쉬쉬하는 사람들도 있다. 칭찬을 받아 본 적이 없어서, 가끔 받는 칭찬에도 알레르기 반응을 일으키는 사람들의 모습은 마치 '칭찬 포기 증후군' 같은 것에라도 시달리고 있는 것 같이 보인다. 예를 들어 보자. 당신이 윗사람 혹은 팀원으로부터 성과에 대한 칭찬을 들었다고 하자. 그때 어떻게 반응했는가.

"잘한 건 제가 아니라 마케팅팀이죠."
"에이, 그냥 운이 좋았던 겁니다."
"그런 대단한 평가를 받을 만한 일은 아닌 것 같습니다."
"아니에요. 누구나 다 할 수 있는 일인데요, 뭘."

윗사람과 팀원이 '아무것도 아닌 일'로 당신을 칭찬할 이유는 없다. 칭찬할 만하니까 칭찬을 했을 뿐이다. 그런데 정작 칭찬을 받는 당신이 진심으로 손사래를 친다면 이건 상대방의 선물을 매몰차게 거절한 것이나 다름없다. 상대방은 민망할 것이다. 이후로 또 다른 칭찬은 기대하지 말아야 한다.

좋은 일이 있을 때 그 칭찬을 겸손하지만 당당하게 받아들이는 모습을 보여주자. 팀장은 자신의 업적을 드러내 전시할 줄 알아야 한다. 그래야 팀장의 자리가, 그리고 팀의 자리가 내부적으로, 외부적으로 더욱 확실해진다. 팀장에 대한 긍정적인 평가는 곧 당신의 팀에 대한 긍정적인 이미지가 된다. 그리고 팀원들은 팀장인 당신에게 떨어지는 칭찬을 자신에 대한 칭찬인 것처럼 자랑스러워한다. 실제로 다양한 팀의 팀원들이 모이면 어떤 이미지의 팀장 휘하에서 일하고 있는지에 따라 그들의 낯빛도 다르다. 그러니 팀장이 칭찬을 거절하지 않고 제대로 누리고 받아들이면, 팀 자체의 이미지가 좋아지고 팀장의 리더십도 단단해진다. 그리고 팀장이 칭찬을 누리고 받아들이는 솔선수범을 보여야 팀원들도 그런 태도를 배운다. 팀원들이 그런 태도를 가지고 있어야 팀원들에 대한 당신의 칭찬도 효과를 발휘할 수 있지 않을까. 그러니 이제는 칭찬을 들으면 이런 말로 응대하면서 칭찬을 제대로 누리고 받아들이도록 하자.

"전무님께서 알아주시니 힘이 납니다. 축하해주셔서 감사합니다."
"이사님의 격려를 들으니 마음이 날아갈 것 같습니다."

"나 혼자 한 게 아니라 사실 우리 모두가 함께한 일이죠. 하지만 이 대리가 그렇게 칭찬해주니 기분이 정말 좋네요. 고마워요."

"이번 프로젝트 수주 성공은 저도 정말 다행이라고 생각합니다. 기쁩니다. 고마워요."

신입사원의 눈높이에
맞추는 말투

무작정 누군가와 협업을 하라는 팀장의 말투는 요즘의 젊은 팀원들에겐 유쾌하지 않은 강요다. 이유가 없는 강제요, 답답한 지적일 뿐이다. 과거에 흔하던 '사수 - 부사수' 스타일의 협력체계를 요즘 팀원들은 족쇄라고 생각한다. 필연적으로 반발이 생긴다. 예를 들면 이런 상황이다.

팀장: 앞으로 박 과장하고 함께 일하도록 하세요.
팀원: 박 과장님의 업무를 함께 수행하라는 말씀이신가요?
팀장: 박 과장 업무를 지원하면서 업무를 배우라는 겁니다.
팀원: 그럼 제 업무는 어떻게 하나요?

팀장: 네?

팀원: 제 업무는 박 과장님이 도와주시나요?

'보고 배우라'는 팀장의 말은 팀원에게 먹히지 않는다. 보고 배울 것을 결정하는 주체가 팀원 자신이라는 생각이 강하기 때문이다. 직장생활을 먼저 한 선배의 경험은 팀원에겐 단지 참고자료일 뿐이지 대단한 그 무엇이 아니다. 중요한 사람을 만나는 것보다 자신을 중요하게 만들어주는 사람을 만나고자 하는 사람들이 요즘의 팀원들이다. 그들은 스스로가 선택의 주체가 되려 한다. 그뿐 아니다.

요즘 팀원들의 새로운 기대

젊은 팀원일수록 개인화 경향이 강하다. 누가 옳다고 해도 그것을 그대로 받아들이기보다는 '정말?', '아닌 것 같은데?', '나는 아닌데?' 하는 의식의 흐름을 가지고 있다. 자신의 삶을 명확하게 재구성하는 것에도 마찬가지다. '선택적 집단화' 경향을 선호한다. 소위 자신과 '핏(fit)'이 맞는 공간을 찾아 나서는 것이다. 그들은 유대감을 느낄 수 있는 모임에서는 강한 결속력을 보이지만 무조건 따라야 하는 그룹에서는 약한 결속력을 보인다. 그래서일까. 최근 '소셜살롱'이 그들에게 인기다.

이곳에선 자기소개를 할 때 이름은 물론 직업도, 나이도 말하지 않는다고 한다. 그럼에도 불편함은 전혀 없다. 오히려 각자의 인격을 온전하게 존중하는 분위기에 젊은 사람들은 빠져든다. 자신을 일로 소개하는 대신에 취향으로 소개하고 이해받으려 한다. 그렇게 그들은 자기긍정에 이르며 그 자체로 괜찮은 사람임을 확인하고 싶어 한다.

물론 그들은 자신이 직업과 나이로부터 완전히 자유로워질 수 없다는 것을 안다. 하지만 그들처럼 이 모든 것으로부터 한 뼘 떨어져 자신과 타인을 바라볼 수 있을 때, 생각지도 못했던 또 다른 가능성이 깨어나는 것도 사실이다. 요즘 팀원들은 그 방법을 알고 또 실행에 옮긴다. 그들은 침묵하면 온전한 자신이 될 수 없다는 걸 안다. 자신의 말을 해야 타인과 제대로 연결될 수 있다는 걸 알고 있다. 그들이 제대로 말할 수 있는 공간을 찾아 나서는 이유다. 이런 그들은 당신이 팀장으로 있는 그 팀을 어떤 공간으로 여기고 있을까?

당신의 팀장 스타일을 재정비하라

이제 팀장은 팀원, 특히 젊은 그들과의 관계에서 업무 외의 다양한 키워드를 고려할 줄 알아야 한다. 각자의 휴대폰 숫자만큼이나 서로 다른 개인이 있음을 부정하지 않는 것이 팀장의 기본 태도가 되어야 한다.

어렵고 힘든 일이라 느껴질 수도 있겠다. 하지만 비관하지 말자. 당신이 태도를 바꾸는 그 순간이 어쩌면 생각지도 못했던 새로운 아이디어가 시작되는 순간일지도 모른다. 그들이 당신이 믿을 만한 팀장이라 확신하며 입을 여는 순간일 수도 있기 때문이다.

그러니 당신은 요즘 팀원들의 '너는 너, 나는 나'라는 사고방식에 이제 그만 당황하고 발전적으로 생각하자. 이것이 지금의 트렌드이며 미래의 추세임을 받아들이고 이를 어떻게 활용할지에 대해 고민하는 팀장이 되도록 하자. 그게 당신이 지닌 팀장 리더십의 생명력을 늘린다.

인정받는 팀장이 꼭 지키는
기본 말투가 있다

업무지시에 대해 생각해 보자. 업무지시는 팀장이 자신만의 언어로 회사의 방향성과 일의 목적을 설명하는 것에서부터 시작되어야 한다. 이 일을 왜 하는 것인지에 대해 팀원의 공감을 이끌어낼 수 있어야 한다. 여기서 중요한 포인트는 팀원의 눈높이에 맞춘 말하기다.

팀장을 팀장답게 하는 말

팀장이라면 팀장답게 팀장다운 말을 할 수 있어야 한다. 지시할 때 팀장은 팀원 각자의 역량과 성과를 고려해서 팀장 본인의 생각을 진정성 있게 전달하는 게 기본이다. 무작정 도와주려는 태도를 보이는 건 바람직하지 않다. 매뉴얼을 설명하듯 언제나 전문적이고 안정적으로 지시할 줄 아는 게 팀장이 갖춰야 할 기본 역량이다. 물론 쉬운 일은 아니다.

조심해야 할 것이 있다. 팀원과 대화를 하면서 팀장 자신의 과거 경험을 풀어내고자 할 때는 말하기 방식에 특히 유의해야 한다. 팀장은 자신의 경험 중에서 팀원에게 유익한 이야기일 거라 생각되는 일을 골라 이야기하기 시작했을 거다. 문제는 누구나 자신과 관련된 이야기라면 말하기를 좋아한다는 점, 그리고 자신의 이야기를 하다 보면 누구나 도취된다는 점에 있다. 도취된 상태로 길게 늘어지는 타인의 이야기를 듣고 싶어 하는 사람은 없다. 팀원이 귀를 닫으면 팀장은 애초에 그 이야기를 꺼낸 복적을 달성하지 못한다. 그러니 과거 경험을 이야기하려면 최소한 어떤 이야기를 할지 미리 준비해서 압축적으로 중심주제만 전달하거나, 혹은 전체 이야기의 일부분만 선별해 이야기해주자. 그래야 당신의 귀한 경험담이 '라떼' 이야기("나 때는 말이야"로 시작되는 과거 무용담 이야기) 취급을 받지 않는다.

또 한 가지 조심해야 할 게 있다. 팀장이 팀원의 업무에 임의로 개입해야겠다는 판단이 들었을 때 이를 어떻게 말할 것인가 하는 문제다. 팀원이 며칠 동안 한 가지 업무로 끙끙거리는 것을 보게 되었다고 해 보자. 그걸 본 팀장은 자신의 인맥을 동원해서 조용히 처리했다. 거기까지는 좋다. 하지만 이렇게 도움을 주고도 팀원에게 고마움을 얻기는커녕 오히려 원망만 얻는 경우기 있다. 일단 다음 대화 상황이 그렇다.

> 팀장: 문제가 됐던 것들, 다 해결됐습니다.
> 팀원: 네? 아직 제가 처리를 못했는데요….
> 팀장: (손을 저으며) 하하하. 내가 처리해뒀어요.
> 팀원: 네?
> 팀장: 옆 팀 박 대리에게 얘기해서 조용히 끝내자고 했어요. 앞으로 조심하기나 해요.
> 팀원: ….

팀원에게 문제가 생겼을 때 팀장이 해야 할 것은 '무작정의 도움'과 '잘난 척의 생색'이 아니다. 팀원에게도 힘이 있다. 힘들 때 누군가에게 도와달라고 부탁할 수 있는 힘 말이다. 그런 힘을 무시하면 팀원은 상처를 받는다. 팀원의 책임범위를 팀장이 좁혀버린 것과 마찬가지다. 어린이가 장난감을 갖고 놀다가 어지럽혀진 상태를 그냥 방치하고 있을 때 부모가 해야 할 일은 아무 말 없이 장난감을 대신 정리해주는 것이 아니다. 두 상황은 유사하다.

부모는 아이에게 일단 아이가 스스로 장난감을 정리하도록 '부탁'하고, 그럼에도 아이가 움직이지 않는다면 함께 장난감을 정리하자고 '제안'해야 한다. 부모가 아이에게 하는 '부탁'과 '제안'처럼 팀장 역시 팀원이 문제를 마주하고 있다면 그 문제를 대신 처리해주거나 무작정 문제를 스스로 해결하라고 강요할 것이 아니라 그 문제의 해결방법이 팀원이 스스로 해낼 수 있는 것인지를 점검한 뒤 해낼 수 있는 것이라 판단된다면 팀원에게 그것을 해 보도록 '부탁'하거나 협력해서 함께 문제를 해결하자고 '제안'하는 것이 올바른 판단이다.

존경받는 팀장은 기본을 지킨다

그럴 리는 없겠지만 한 가지를 군이 확인하고 넘어가고자 한다. 혹시 아직도 "까라면 까"라는 말투를 사용하고 있지는 않나? 만약 부정하기 어렵다면 이번 기회에 이런 말투는 청산하기 바란다. 요즘 팀원들은 '그렇게 하면 나에게 이득이 되는 게 뭔데?'라는 사고에 능숙하다. 권위적인 태도로, 직위를 근거로 팀원을 움직이게 하는 팀장이 실패하는 건 시간문제다.

팀장의 뜻대로 팀원들을 움직이기 위해서는 팀원들이 가

지고 있는 가치체계에 맞춰서 그들이 달콤하게 여기는 것을 주어야만 한다. 일례로 그들은 더 이상 '누구누구 라인' 같은 과거의 키워드를 과거만큼 달콤해하지 않는다. 그들이 얻을 보상이 무엇일지, 그들이 어떤 가치에 기여하게 될지, 그들이 어떤 업무역량을 높이게 될지를 그들에게 명백히 제시하자. 그리고 그들의 업무권한이 어디부터 어디까지인지를 분명히 제시해주자. 팀장이 언제 어떻게 중간점검을 할 것이고 세부적으로 문제가 발생하면 팀장이 어떤 방식으로 개입해서 가이드를 제공해줄 것인지를 미리 언급하자.

팀장이 이렇게 말하면 팀원들은 기꺼이 스스로 움직여 나갈 것이다. 이때 조심해야 할 것은 팀장이 업무지시를 할 때뿐만 아니라 가이드를 제공할 때에도 팀원에 대한 존중과 친절을 잃지 않는 것이다. 업무지시가 냉정한 명령이 아니라 친절한 제안으로 여겨져야 한다. 팀원은 자신이 팀장에게 관리받는 존재라는 점을 실감할 것이다. 이렇게 팀장과 팀원의 원칙적 관계를 친절하게 일깨워주는 것만으로도 팀원의 마음속에는 팀장에 대한 존경의 싹트기 시작한다. 이때까지 당신이 한 것은 아주 기본적인 단 두 가지다. 당신이 아니라 당신의 팀원을 존중한 것, 그리고 과거의 악습을 단절한 것.

3장

일잘러 팀원으로
성장시키는
팀장의 말투

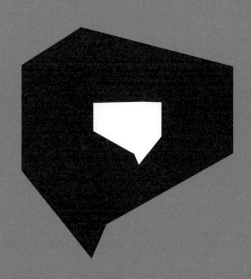

How the team leader speaks

팀원이 곤란할 때
힘이 되는 말

팀장의 격려와 인정은 팀원의 능력치를 최대한으로 끌어내는 데 결정적으로 작용한다. 사람을 사랑하고 사람을 발전시키면서 성과를 내는 팀상은 오래살 수 있으나 사람을 희생시키면서 성과를 내는 팀장은 오래가지 못한다. 팀장이 먼저 팀원들에게 기대감을 가지고 그들의 성과를 응원하면 특별히 겉으로 드러내지 않아도 머잖아 그들은 이를 감지한다. 진심으로 걱정하고 잘되기를 바라는 팀장의 마음을 팀원들이 느끼면 그들의 마음의 문이 활짝 열린다. 이런 경험을 주고 또 받는 것이 바로 동기부여의 기본이다.

문자의 힘

몇 년 전의 일이다. 수행한 프로젝트가 어려운 상황 속에서도 극적으로 성공하여 연 매출 몇 십 억 이상의 성과를 올리게 되었다. 회사에서 포상도 받았고 개인적으로 설정했던 목표도 초과 달성하는 등 기쁜 일이 많았다. 그런데 특별히 강한 기억으로 남아 있는 건 임원께서 나에게 보낸 단 두 줄의 문자메시지였다. "김 차장, 고생 많았어. 자랑스럽고, 또 자랑스럽다!" 나는 기기를 바꾸기 전까지 이 문자메시지를 보관하고 있었다. 이 문자만은 지우고 싶지 않아 남겨뒀던 것이다. 힘들고 어려울 때 보면 힘이 되는 그런 문자메시지였다. 비단 나뿐일까.

휴대폰의 문자메시지, 그리고 SNS 메신저로 보내는 '톡'류의 메시지는 직장의 언어수단으로는 사실 주된 자리에 있진 않다. 목소리를 내는 음성 언어에 비교해 보면 부차적 언어에 그친다. 즉, 커뮤니케이션의 보조 도구 혹은 확인 도구로 쓰인다. 하지만 팀장이라면 조금 다르게 생각하기 바란다. 문자메시지나 메신저를 당신이 맡고 있는 팀의 소통 활성화, 팀원의 사기 진작 등을 위한 도구로 적극 활용하도록 하자. 그런데 안타깝게도 대부분의 팀장들은 소통 활성화 수단이 아니라 커뮤니케이션 불통의 수단으로 문자메시지나 메신저를 사용하고 있다. 예를 들자면 이런 식이다.

(TALK) "내일 아침 10시까지 각자의 내년 계획을 나에게 메일로 보낼 것"

(TALK) "내일 아침, 긴급회의. 아침 7시 30분 전원 참석 요망"

(TALK) "꼭 팀장이 이렇게 톡으로 말해야 압니까?"

회의 소집, 업무지시 등에만 문자메시지나 메신저를 '건조하게' 사용하고 있었다면 먼저 팀장으로서 반성부터 하자. 팀원에게 힘을 주고, 열정을 불러일으키게 만드는 칭찬, 공감, 기쁨 등을 표현할 때는 메신저 사용을 아끼고 있으면서, 반대로 팀장의 자리를 마치 대단한 완장처럼 생각하며 표현하는 것에는 메신저를 거침없이 사용하고 있지는 않았는지 돌아보라는 말이다. 팀의 소통에 조금이라도 관심이 있는 팀장이라면 이제 다음과 같은 메시지를 보내는 것에 익숙해지길 바란다.

(TALK) "우리 팀이 영업부 전체에서 수주 매출액 2위를 했습니다. 모두 여러분 덕입니다. 고맙습니다."

(TALK) "내일 교육이 있습니다. 이왕 받는 거 즐거운 마음으로, 그 어떤 부서보다 적극적으로 해 봅시다."

(TALK) "이번에 김 대리 덕에 팀 전체가 매출 달성에 성공했어요. 고맙습니다. 점심 맛있는 거 살게요. 앞으로도 파이팅!"

때론 가벼워 보여도 된다

일은 누가 하는가. 팀원이 한다. '플레이어'로 현장과 만나는 팀원을 향해 팀장은 '치어리더'가 되어야 한다. 그리고 '동기부여 강사'가 되어야 한다. 다가가기 쉬운 팀장이 되는 건 목표로 하자. 그러다 만만하게 보이면 어떻게 하느냐고 질문할지도 모르겠다. 하지만 설령 편한 팀장의 이미지를 갖게 된다 할지라도 '대하기 싫은 팀장'으로 찍히는 것보다야 훨씬 낫지 않은가. '일잘러' 팀원을 진정으로 원한다면 팀원을 향해 따뜻한 마음이 담긴 말 한마디를 아낌없이 보낼 줄 아는 지원군 팀장이 되는 게 먼저다.

팀원에게
"다른 팀으로 가고 싶다"라는 말을 들었을 때

장유유서(長幼有序)라는 말이 있다. 연장자와 연소자 사이에 나이에 따른 순서와 질서가 있다는 말이다. 하지만 이 말만큼 왜곡되어 현대에 사용되는 말이 또 있을까 싶다. 첫째, 이 말은 연장자가 연소자를 막 대해도 된다는 말이 아니다. 둘째, 그 순서에 따르자면 연소자의 도리보다 먼저 지켜져야 하는 게 있으니 바로 연장자가 어른다워야 한다는 점이다.

어른의 말과 행동이 어른답지 못하다면 애초에 장유유서란 말 자체는 성립되지 않아야 한다. 장유유서란 어른이 다 맞으니 연소자는 무조건 따르라는 뜻으로 쓰여서는 안 된다. 어른이 어른답지 못하고 아이가 아이답지 못할 때 그 질서를 상

기시켜주는 말이어야 한다. 연장자가 어른답지 못하면 연소자
는 그를 따를 필요가 없다. 아니, 따르면 안 된다.

무조건 팀장을 따르는 팀원은 없다

누군가를 무작정 따르라는 건 비합리적인 권위주의에 불과하
다. 팀원이라면 팀장의 말을 무조건 따라야 한다고 말하는 건
현대에 통하는 논리가 아니다. 왜 이렇게 해야 하는지에 대해
팀장이 합리적으로 설명할 수 있을 때 직장 내에서 장유유서
의 도리가 지켜지는 셈이다.

예를 들어 보자. 팀의 업무를 어떻게 배분할 것인가는 중
요한 문제다. 팀장이 팀원에게, 팀원 중에서도 윗사람이 아랫
사람에게 일을 전하는 방식의 문제를 포함한다. 하지만 주먹
구구식의 업무배분이 이뤄지는 팀이 많다. 위에서 아래로 일
방적인 위임이 아직도 진행되고 있다는 건 정말 안타까운 일
이다.

팀장: 엑셀 프로그램 함수 좀 쓸 줄 아는 게 누구였죠?
팀원: 접니다!
팀장: 맞아요. 엑셀 잘 다룬다고 했죠? 잘됐네. 얼른 이거

좀 정리해 보세요.

팀원: 그런데 팀장님이 오늘까지 올리라고 하신 기획서가 아직 덜 끝났습니다.

팀장: 답답하네요. 이거 기획팀에서 '아삽(ASAP)'으로 올리라고 한 건데, 그럼 누가 하나요?

팀원: ….

"할 줄 아니까 당신이 하라!"라는 팀장의 말을 듣는 팀원의 마음은 더 답답할 것이다. 이런 일이 한두 번 반복되면 과연 팀원이 자발적으로 자신의 역량을 드러내려 할까. 그래놓고는 '왜 연말마다 내 팀의 에이스는 다른 팀으로 떠날까?'를 고민한다면 우스운 일이다. 물론 급한 상황에서 가장 잘하는 팀원에게 업무지시를 하게 되는 건 자연스러운 일이긴 하다. 하지만 최소한 말실수를 해서는 안 됐다.

팀원의 능력을 인정해주는 팀장의 말이 늘 "당신이 제일 잘하니까 당신이 좀 해주세요"라는 식이라면 안타깝다. 잘 나가는 팀원을 아낄 줄 아는 팀장이라면 "당신이 제일 잘하니까 당신의 의견을 존중하겠습니다"라는 말을 더해야 한다. 능력이 있다고 무작정 업무를 몰아주는 팀장은 일 잘하는 그 팀원의 머릿속에 여러 번 이런 생각이 떠오르게 만든다. '우리 팀장, 리더십 문제 있어?'

그의 선택은 합리적이다

연말마다 당신 팀의 에이스가 "이러저러한 이유로 다른 팀으로 가고 싶습니다"라고 말한다면, 당신의 운이나 팀원을 탓하지 말자. 당신이 팀원을 제대로 이끌어주지 못한 탓이다. 그는 당신과 일하며 얻는 것보다 잃는 게 많다고 생각하고 있다.

에이스 팀원은 업무분장에서 권한위임을 기대한다. 자신의 직책에 비해 약간 큰 권한을 가지는 기쁜 기회가 오기를 바라고 있다. 그런데 주먹구구식으로 숱한 잡일을 맡기고 타인이 제대로 해결하지 못한 일들을 자신에게 몰아넣는 팀장을 보면 그는 당신이 자신을 에이스라 부르지 않는 그날을 기다릴 것이다. 애초에 기대했던 권한위임의 기회를 당신에게는 더는 기대하지 않을 것이다. 그리고 자신이 가지고 있는 몇 가지 기능은 비밀에 부칠 것이다. 그가 알아챘기 때문이다. 당신은 자신의 기대에 부응하는 팀장이 아니라는 것을 말이다.

그러니 에이스 팀원은 보다 제대로 관리하자. 당신의 어떤 말을 들을 때 그가 절망적인 표정을 짓는지 알아두고 대응하자. 그리고 잘나가는 팀원에게 일을 몰아줘버리는 손쉬운 방식은 절대 택하지 말자. 능력 있는 팀원일수록 아껴 쓸 줄 알아야 한다는 사실을 꼭 기억하자.

오지라퍼 팀장 말투 vs.
건강한 조언자 팀장의 말투

최근 팀장들에게 일종의 골칫거리로 급부상한 것이 있다. 90
년생 젊은 팀원들이다. 그들에 대해 알아보자. 그들의 특징이
미래의 조직문화 흐름을 예측하는 열쇠가 된다. 직장생활에서
'주니어'로 불리고 있는 그들은 입사하자마자 퇴사를 꿈꾼다
고 한다. 지나치게 느껴질 정도로 말대답을 하며 호불호가 확
실하다고 한다. 정말 그럴까. 내가 개인적으로 만나고 얘기 나
누며 지켜본 그들의 모습은 그렇지 않았다. 퇴사를 쉽게 생각
하는 대책 없는 인간형도 아니었고, 무턱대고 말대꾸를 일삼
는 예의 없는 인간형도 아니었다.

　미래보다는 당장의 욕망을 중시하고 점심시간을 혼자 보

내는 걸 즐기고 야근은 마지못해 하는 다소 '다루기 어려운' 세대라는 말에는 나도 이견이 없다. 첫 번째 직장을 단지 경력을 쌓기 위한 과정으로 여기는 이들이 있다는 것도 사실이었다. 하지만 그들의 말과 행동이 사실은 우리도 과거에 원했지만 차마 하지 못했던 말과 행동이라고 좋게 생각하면 어떨까. 이런 젊은 팀원들과 소통하기를 원한다면 그동안 무심코 했던 말들을 하나하나 점검해 보는 건 필수다. 예를 들어 비난이나 질책을 조심해야 하는 것은 물론이고 칭찬이나 응원의 한마디도 표현을 조심히 해야 한다.

> 팀장: 힘든 프로젝트였죠? 이번 프로젝트가 만만한 게 아니었을 겁니다.
> 팀원: 네. 알아주시니 고맙습니다.
> 팀장: 나도 그런 실패를 겪으면서 성장한 것 같아요.
> 팀원: 아, 네.
> 팀장: 팀장이 빨리 되려면 이렇게 힘든 순간을 잘 극복해야 해요. 저를 보세요.
> 팀원: ….

팀장은 격려하고 싶었다. 팀원에게는 어떻게 들렸을까? "나처럼 되어 봐!"라는 왕년의 성공담의 예고편이나 일방적 자랑으로 들렸을 뿐이다. 자신의 실패 경험만 담담하게 말하고 끝냈다면 팀장의 말은 팀원에게 좋은 조언이 될 수 있었을 것이다. 하지만 자신만의 과한 자긍심을 버리지 못하고 그것을 입 밖으로 표현해내는 바로 그 순간, 팀장의 말은 팀원에게 불편한 오지랖으로 변한다. 무엇이 문제인지 당신은 이해했을까? 어쩌면 아직 이해하지 못했을 수도 있다.

당신이 하고 있는 칭찬을 점검하라

팀원들 모두가 나중에 팀장이 되길 원한다고 생각하는 그 자체부터 잘못이다. 조직에서 성공이란 오로지 상위 직급으로 승진하는 것만이 다인가. 아니다. 영업전문가, 마케팅전문가, 회계전문가 등 나름의 스페셜리스트가 되는 것이 목적인 팀원들도 많다. 그것을 모르고 함부로 말하는 팀장은 조직을 바라보는 자신의 관점을 보편적 진리라 여기는 협소한 인식을 팀원에게 드러낼 뿐이다.

국내에 거주하고 있는 외국인에게 "한국인 다 됐네요"라고 말하는 것은 좋은 의도로 건넨 말일지라도 '한국에 들어온 외국인은 하루빨리 온전한 한국인처럼 되기 위해 노력해야 한다'라는 강박적 인식이 전제된 차별적이고 듣기 불편한 말이라고 한다. 마찬가지다. "직장인 다 됐네요", "팀장이 다 됐네요"라는 말을 듣는 팀원은 강박적이라 느끼고 불편해할 수 있다. 팀에서 일어나는 일들을 주로 팀장 자신의 지난 경험에 비추어 해석하고 또 그것을 거침없이 표현해 왔다면 당신은 팀장으로서 팀원과의 소통에 주의를 기울일 필요가 있다.

한마디 한마디를 조심하다 보면 팀장도 답답할 것이다. "그 정도도 받아들이지 못해서 직장생활 하겠습니까?"라고 타박하고 싶을 것이다. 하지만 그렇다고 '소통의 포기'를 선택할수는 없지 않은가. 그렇다면 상대방을 인정하는 게 우선이다. 서로의 한계를 파악하고 존중하자. 함께 잘 살아갈 길을 모색하는 게 맞다.

조언과 오지랖의 차이

우선 좋은 조언이 될 수 있는 말에 쓸데없는 말 한마디를 붙여서 오지랖이 돼버리는 일부터 조심하자. 어딘가에 이 문장을 적어두고 자주 되뇌는 것도 좋다. "내가 말을 아껴야 소통이시작된다."

자신의 말에 대단한 처방이 있다고 생각하면서 자기가 한말의 영향력을 확인받으려는 사람이 있다. 이런 사람을 '오지

랄 넓다'고 하는데 이는 남의 일에 지나치게 참견하거나, 주제 넘게 아무 일에나 쓸데없이 참견한다는 뜻이다. '참견'이란 단어에 관심을 기울여 보자. '참여'와는 달리 참견은 부정적인 의미를 띠는 말이라는 점에 주목하자.

팀장의 말은 참견이 아니라 참여여야 한다. 그러기 위해서는 괜히 끼어들어 쓸데없이 아는 체하거나 간섭하는 말투를 삼가야 한다. 물론 참견도 타인에 대한 일종의 관심에서 비롯된다는 것은 인정한다. 사실 한국은 다른 나라에 비해 특히 의인(義人)이 많다고 한다. 범법행위를 보고 지나치지 못하는 것도 타인이 처한 상황에 공감하는 이가 많기 때문이라고 하니 팀원에 대한 팀장의 참견도 공감능력과 연계하면 아주 부정적인 건 아닐지도 모른다.

그럼에도 불구하고 참견은 여전히 불편하다. 참견이 아닌 참여를 선택하는 당신이 되길 바란다. 여전히 참견과 참여의 차이를 잘 모르겠다면 팀원이 도움을 구하는 그때 비로소 도움을 주는 것이 진정한 참여라고 기억해두면 된다. 다음과 같은 대화를 주고받을 수 있게 된다면 팀원은 팀장의 말을 참견이 아니라 참여의 말이라 여길 것이다.

팀원: 팀장님, 고민이 있습니다.

팀장: 네, 말해 보세요. 내가 도울 수 있으면 최대한 도와줄

게요.

팀원: 이번에 저에게 주어진 프로젝트, 어디에서부터 시작
해야 할지 모르겠습니다.

팀장: 아, 그거. 우리 옆 팀의 박 과장이 전문가예요. 박 과
장에게 지원 부탁해둘까요?

팀원: 아닙니다. 제가 말씀드려 보겠습니다.

팀장: 그래요, 힘내요!

"한 아이를 키우려면 온 마을이 참여해야 한다"라는 말을
들어 봤을 것이다. 이 마을에서 이웃들의 행동은 참견이 아니
라 건강한 참여일 것이다. 팀에서도 마찬가지다. 일이 진행되
고 팀원이 성장하기 위해서는 팀장이 팀원의 일에 참여하고
조직이 지원해야 한다. 이때 팀장의 말과 행동이 팀원에게 참
견으로 여겨진다면 그 말과 행동은 잘못된 것이다. 팀원과 대
화를 할 때 섣불리 이유를 캐묻거나, 성급한 해결책을 먼저 제
시하곤 하던 당신이라면, 참견의 말투를 버리고 참여의 말투
를 구사하기를 강력히 권한다.

열 가지 지적보다
한 가지를 제대로 설명하는 말

팀원이 지각을 한다. 당신은 이를 어떻게 다룰 것인가. "똑바로 안 해? 회사가 놀이터야? 한 번만 더 지각하면 가만있지 않을 거야. 월급이 아깝다. 진짜." 예전엔 진짜 이랬다. 하지만 지금 이렇게 말을 했다가는 '직장 내 괴롭힘'과 '언어폭력'을 자행한 사람으로 간주되어 작게는 문책을, 크게는 형사적 처벌을 걱정해야 한다. 자, 그러면 어떻게 말해야 할까.

코칭을 연구하는 전문가들은 팀원과 대화를 시도하려는 팀장이 알아야 할 대화의 단계로 다음의 다섯 가지를 기억해 두라고 권한다.

■ 대화의 5단계

① 라포(마음 연결): 주말은 어떻게 지냈나요?

② 리퀘스트(양해 구하기): 한 가지 말해도 되겠습니까?

③ 인디케이션(마음 담아 이야기하기): 계속 지각하는 걸 보니 안타깝습니다.

④ 컨펌(확인하기): 내가 이야기한 것에 대해 어떻게 생각하나요?

⑤ 커미트먼트(변화 과제 약속하기): 앞으로 어떻게 변화해 보겠습니까?

앞글자를 따서 '라리인컨커' 혹은 '마양마확변'으로 외워두자. 각 단계도 만만치 않은데 이를 모두 거쳐야 비로소 팀장의 말로 적합하다니 갑갑한 느낌마저 들지도 모르겠다. 하지만 세상은 분명히 변하고 있다. 소통의 수준 역시 바뀌고 있다. 팀원으로부터 말이 통하는 팀장, 팀원을 배려하며 성장시키는 팀장이라는 평가를 받고자 한다면 이런 노력을 들여야만 하는 시대다. 짧고 간결하게 소통을 마치고 싶은 마음이 굴뚝 같을 것이다. 하지만 대화의 효율성은 말이 얼마나 짧았는지에 달려 있는 게 아니다. 팀장이 바라는 바가 이후에 팀원을 통해 얼마나 빨리, 얼마나 확실히 실현되는지에 달려 있다.

하지 말아야 할 말에 대해 생각하라

특히 주의해야 할 것이 있다. 팀원에게 '내가 무엇을 하겠다'라는 식으로 덤벼들지 말아야 한다는 것이다. 팀장에게 필요한 것은 '무엇을 하지 말지'를 파악하는 일이다. 예를 들어 팀장이 팀원의 업무 실수를 다룰 때 벌을 주겠다거나 훈계를 해야겠다는 식으로는 결코 팀원의 개선을 만들어내지 못할 게 분명하다.

그러면 어떻게 말해야 할까? 우선 잘못 그 자체를 분석하는 데 집중하지 말고, 상황을 변화시키기 위해서는 다른 부분들 중 어떤 부분에서 변화가 일어나야 할지를 파악해내라. 그리고 그것을 팩트 위주로 간단하고 명확하게 전달해라. 분노 같은 감정을 드러내 봐야 팀장에게 돌아오는 것 중에 좋은 것은 하나도 없다.

하지만 아직도 현실에서는 팀원을 향해 '자기 할 말만 하고 끝'인 팀장들이 많다. 안타깝다. 예를 들어 보겠다. 전자결재로 올린 보고서를 출력해 가지고 오라는 팀장의 지시를 들은 팀원이 있다고 해 보자. 참고로 요즘 팀원들은 이런 것을 불합리한 지시로 간주한다. 당연하다. 왜 노트북 화면을 놔두고 굳이 아까운 종이에 출력을 하라는 것인가. 복합기 앞에서 출력물을 뽑아 팀장에게 전달하고 팀장의 앞에 서 있을 때 팀원의 갈등과 긴장은 증폭된다.

팀장: 보고서 작성하느라 고생은 했는데 말이죠. 이사님께 보고할 건데 이래서야 되겠어요?

팀원: 네? 팀장님이 말씀하신 대로 작성했는데요?

팀장: 아니죠. 이것만으로는 부족하죠. 의사결정권자는 내가 아니라 이사님이에요.

팀원: 네…. 그럼 어떻게….

팀장: 이사님이 원하는 걸 집어넣어야죠. 경쟁사 전략… 그래, 그거도 좀 넣어 보세요.

팀원: 네.

팀장: 표도 좀 넣어야죠. 음…, 그래. (펜을 들어 종이에 표시하며) 이렇게… 이렇게… 응? 가독성을 높여 보세요. 알았죠?

출력물에 팀장이 찍찍 표시를 하지만 선인지 글자인지 식별하기도 어렵다. 거기에 신음소리처럼 내는 "이렇게, 이렇게"라는 말은 무엇이며 여백에 그려지는 동그라미, 네모 표시는 또 무엇이란 말인가. "가독성"은 또 뭘 뜻하는 것인가. 유치찬란한 애니메이션 효과라도 넣으란 말인가. 도대체 팀장이 뭘 요구하는 것인지 팀원은 알 도리가 없다. 팀원은 질문할까 하다가 그만둔다. 그리고 생각한다. '도대체 이 사람이 나에게 원하는 게 뭘까?'

열 가지를 지적하지 말고 한 가지를 제대로 설명하라

"설명을 못 하면 아는 게 아니다"라는 말이 있다. 지금 팀장은 팀원 앞에서 '아는 게 없음'을 스스로 드러낸 것이나 다름없다. 자신의 치부를 드러내면서 부끄러운 줄도 모르니 답답한 노릇이다. 그다지 중요하지도 않는 뭔가를 찾아내려고 애쓰는 팀장의 시도는 좀처럼 끝나지 않는다. "두 번째 행의 글자는 빨간색으로 하면 어때? 센스 있어 보이잖아", "여기 이 칸, 음영이 너무 짙은 거 아니야?"

팀장은 팀원과 맞서기 위해 존재하는 사람이 아니다. 싸우면서 친해진다는 말은 거짓이다. 여전히 꽤 많은 중간관리자들은 여전히 팀원과 싸워서 이기는 일을 대단한 승리처럼 여긴다.

절대 이러지 말자. 대립을 선택해서 무엇을 얻겠다는 말인

가. 팀원을 궁지에 몰아넣어서 무엇을 얻을 수 있나. 팀원을 기죽임으로써 자신이 상위에 있는 걸 그에게 보여줘야겠다고 생각하는 팀장이라면 미래가 어둡다. 다툼에 진 사람은 필연적으로 자신을 패배시킨 사람에게 갚아주려는 마음가짐을 가진다.

어떤 화제든 그것을 팀원에게 설명하는 팀장의 말이란 자세하고 충분해야 하며 구체적이면서도 통찰이 드러나고 원리를 설명하면서도 구체적이어야 한다. 가장 중요한 것은 온화하고 친절해야 한다는 점이다.

팀장이라는 위치에서 자신이 알고 있는 것, 자신이 위에 있다는 점을 팀원에게 뽐내면 팀원은 팀장이 가지고 있는 그릇의 크기를 다시 평가한다. 그리고 이런 팀장으로부터는 배울 게 없을 거라는 확신을 가지게 된다.

팀원에게 열 가지를 지적하며 싸움을 걸 시간에 단 한 가지를 제대로 설명하는 팀장이 되어야 한다. 지금까지 위와 같은 잘못된 말투를 '팀장이니까 이래도 된다'라고 생각했다면 당장 고쳐라. 그랬음에도 불구하고 이제껏 별문제가 생기지 않았었다는 게 면죄부가 되지 않는다.

고마움을 표현하지 않는 건
돈을 버리는 것과 같다

팀장은 혼자 일하지 않는다. 팀원의 협력, 그것도 자발적 협력을 이끌어내야 한다. 따라서 팀장의 필수덕목은 인내심 그리고 기다림이다. 팀장은 성과에 집요해야 하지만 이것이 팀원에게 '조급함'으로 비춰지면 안 된다.

만약 신규 팀원을 받았다면 팀장은 자신의 존재감을 보이는 데 급급하지 말고 팀원이 팀장을 인정하는 데 필요한 시간을 인내하며 기다릴 줄 알아야 한다. 프로젝트를 진행할 때라면 팀장은 팀원 각자에게 애정을 바탕으로 한 기다림을 보여줄 줄 알아야 한다. 그러면서 팀원의 존재와 가치를 세심하게 인정해주어야 한다. 그리고 그 인정이 말로 아낌없이 표현되어야 한다. 팀원을 인정하는 표현의 키워드는 '감사'다.

감사함을 드러내지 않는 건 돈을 버리는 것과 같다

감사는 팀에서뿐만 아니라 일상의 모든 관계에서 큰 역할을 한다. 그리고 감사는 마음이 아니라 표현으로 완성된다. 중국 고전인 ≪한비자(韓非子)≫에는 "예(禮)란 감정을 드러내는 방법으로 모든 의로움을 꾸미는 것이다. 마음속으로만 흠모해서는 상대방이 깨닫지 못하므로 종종걸음으로 달려가 몸을 낮추어 절을 함으로 그 마음을 나타내는 것이다"라는 말이 있다. 이는 '감사함을 드러냄'이 좋은 관계를 만드는 비결 가운데에서도 핵심이라는 점을 잘 설명해주는 말이다.

 상대를 존중하는 마음이 있다면, 그리고 내가 원하는 것을 상대방이 해줄 수 있다면 그에 대한 마음을 당연히 표현해야 한다. 말하지 않으면 알지 못한다. 표현해내지 않은 마음은 아직 감사가 아니다. 아무것도 아니다. 분명히 표현해야만 당신과 상대방의 거리가 당신이 품고 있는 마음만큼 밀접해진다. 이런 이유로 감사를 일상화해야 마땅함에도 불구하고 감사 표현은 삼킨 채 팀원과의 소통 대부분을 질책과 지적의 표현으로 채우는 팀장들이 있으니 안타깝다. 요즘 잘나가는 금융벤

처에서 팀원으로 근무하는 사람이 자신의 팀장에 대해 내게 이런 말을 했다.

"우리 팀장님은 뛰어난 분이에요. 명문대에 해외유학파 출신이고 국내 최고의 포털에서 근무까지 한 분이죠. 비전도 있고 추진력도 있고 당연히 일도 열심히 합니다. 하지만 제가 미운가 봐요. 그 무엇을 말해도 한 번에 통과되는 법이 없고, 아무리 생각해도 중요하지 않은 문제를 갖고 트집을 잡습니다. 이곳에 있으면 업무적으로는 성장할 것 같지만 정신적으로 버틸 수 없을 것 같아요. 이직하고 싶습니다."

지금 팀의 성과가 좋다고 하더라도 실은 죽어가는 팀일 수 있다. 그 뒤에서 팀원의 기를 깎아먹는 팀장이 있다면 말이다. 당신은 팀을 죽이고 있나 살리고 있나? 짧은 감사의 말 한마디로 팀장의 품격을 높이고 팀을 살릴 수 있음에도 불구하고 이를 굳이 삼킨 채 부정적이고 거칠고 냉정한 말투만 일삼는 팀장은 조직문화를 엉망으로 만든다.

팀장에게는 힘들고 어려운 일이 수시로 발생한다. 그럼에도 불구하고 팀장은 언제나 자신의 말투를 점검해 표현해야 한다. 자신이 바쁘고 정신없고 나름의 고통이 있다는 것을 이유로 팀원들에게 답답함과 짜증을 표출하고 또 변명하는 건 무조건 잘못이다. 하수나 하는 일이다.

'감사'라는 기술

≪한비자≫에서 예는 감정을 드러내는 방법으로서 모든 의로움을 '꾸미는 것'이라 했던 것처럼 인간관계란 형식이나 표현의 측면에서는 일종의 '포장'과 같다. 뭔가가 내 마음에 들지 않더라도, 아니 그럴수록 감사의 말을 잘 선택해 표현하는 기술이 필요하다. 이는 위선이 아니다. 기술이다. 이 기술을 잘 부려 쓸 줄 알아야 한다. 속이 뒤틀려서 입에서 좀처럼 좋은 말을 꺼내기 어려운 그런 상황일수록 이 기술은 현명한 대처가 된다.

예를 들어 보자. 당신은 대형 프로젝트 수주 관련 업무를 했다. 다른 사업부서의 협조를 얻었고 프로젝트 수주에 성공했다. 그런데 수주 과정 속에서 그 사업부서와 갈등이 너무 많았다. 그 부서는 사실상 걸림돌만 되었다. 어쨌거나 모든 게 끝났다. 당신이라면 어떤 말을 했을까?

나부터 고백해 본다. 아마도 나라면 그 사업부서의 담당자에게 "당신 때문에 수주에 실패할 뻔했잖아요", "그렇게 직장생활 하는 거 아닙니다", "이건 내 힘으로 다 한 거나 다름없습니다"라고 굳이 감정을 분출시켜 표현까지 해버렸을 것 같다. 하지만 감사라는 기술을 잘 부려 쓸 줄 아는 당신이라면 어떤 말을 할 수 있을까? "덕분에 좋은 결과를 얻었습니다. 혹시 진행과정에서 제가 잘못된 말이나 행동을 한 게 있었다면 이해해 주세요. 앞으로도 많이 도와주시길 부탁드립니다. 고맙습니다."

되돌아오는 말이 냉정할 까닭이 없다. 마찬가지다. 팀원들을 대할 때에도 질책과 냉정함이 아닌 여유와 편안함을 기반으로 한 말투를 쓰도록 하자.

이 습관을 가지도록 도와줄 키워드가 있다. 바로 '덕분에'다. '덕분에'라는 표현을 일단 쓰면 감사 표현이 보다 자연스럽고 분명하게 나온다. 유능한 사람은 자신을 빛나게 하는 것만이 아닌 자기 주변의 사람들을 빛나게 한다는 말이 있다. 좋은 결과를 얻었을 때에도, 좋지 못한 결과를 얻게 되었을 때에도 팀원들에게 감사의 스포트라이트를 돌리도록 하자. 예를 들자면 이런 말을 해 보자.

"이렇게 끝나서 정말 기분이 좋습니다. 김 대리가 외주업체 관리를 깔끔하게 진행해준 덕분이에요."

"우리 기획이 결국 채택되진 못했지만 이 과장 덕분에 제대로 완성된 템플릿을 하나 만들어두게 됐습니다. 다음

달엔 이 템플릿 기반으로 초기비용 없이 신규 기획 준비
할 수 있겠어요. 팀장인 제가 오히려 배웠습니다."

팀원을 자기 마음대로 뽑는 팀장은 거의 없다. 주어진 팀
원으로 팀을 꾸려나가기 마련이다. 그런데 팀원이 마음에 들
지 않는다고 불평할 것인가? 이미 만들어진, 한계가 분명한 팀
이라고 포기할 것인가? 아니다. '앞으로 만들어 갈 팀'이라고
긍정적으로 생각하면서 팀원들과 소통하며 성과를 만들어나
갈 줄 알아야 팀장이다. 이럴수록 팀장이 말투에서 '덕분에'를
빼놓지 않는다면 팀원들의 사기는 분명 높아지고 에이스의 싹
이 비로소 틀 수도 있다.

4장

팀원이 사고 쳤을 때
해야 할 말,
하지 말아야 할 말

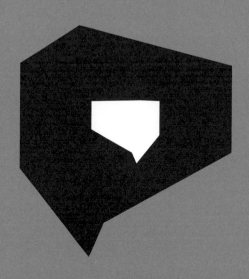

How the team leader speaks

팀장이 말을 바꾸면
팀의 성과가 달라진다

팀장이 업무를 진행할 때 어떤 경우에도 써서는 안 되는 말투가 있다. 어떤 것일까? 어떤 일을 마무리 짓는 시점이라고 생각해 보자. 아래의 A와 B 중에서 당신은 어떤 말투를 주로 쓰고 있나?

[A]

"괜찮아요. 일단 납기만 지키면 됩니다."

"대충하죠. '와꾸' 신경 써서 PPT나 멋지게 만듭시다."

"이제 그만하죠. 왜 그렇게 미련을 두는 겁니까?"

"그거 아니어도 할 게 많습니다. 다른 거나 신경 쓰세요."

"내가 하자고 한 게 아니라 괜찮아요. 임원께서 알아서 하실 겁니다."

[B]

"이제 마지막 순간입니다. 다시 한번 점검해 보죠."

"이건 경쟁사를 이길 수 있는 확실한 제안서가 되어야 합니다."

"이왕 시작한 거 제대로 끝을 봅시다. 근성을 보여줍시다. 멋지게 수주해서 포상 명단에 이름 한번 올려 보죠."

"이게 안 되면 다른 것도 안 되는 겁니다. 마무리까지 최선을 다합시다."

"우리가 끝까지 책임을 져야 합니다. 우리가 고객과 소통하는 회사의 대표 선수니까요."

팀장은 성과에서 자유로울 수 없다. 성과는 팀장의 시작이고 끝이기 때문이다. 그러니 팀원의 성과를 이끌어내는 말투란 곧 팀장인 자신의 역할을 증명해내는 성과 지향의 말투이며 팀장이 절대 잊어선 안 되는 대화의 태도 중 하나다. 성과란 무엇인가. '이뤄낸 결실'을 말한다. 성과를 낸다는 말은 '도전적인 목표를 세우고 지속적인 성과 창출에 성공한다'는 것을 의미한다. 팀장에게 있어서 성과가 실제적으로 의미하는 바는 보직의 유지와 조직 안에서의 성장이다. 팀장의 말투에서 성과 지향성이 부족하다는 건 무엇을 의미할까. 팀장이 결과에 대한 무책임을 용인하는 말을 하는 것은 팀장이 자격미달임을 스스로 입증하는 것과 같다.

팀장이라는 직책은 성과를 내고 관리하는 것에 일가견이 있는 사람이라는 것을 짐작할 수 있게 해주는 표지다. 아무에게나 팀장을 맡기는 조직이 아니라면 말이다. 타인이 당신을 팀장으로 부를 때 역시 사람들은 당신을 이렇게 생각한다. 당신이 팀원일 때 사업부서에 있었다면 빛나는 신규 서비스나 상품을 창출해내는 인재였을 것이고, 영업부서에 있었다면 목표 대비 실적에 대해서만큼은 그 어느 누구보다도 압도적인 성과를 낸 사람일 것이다. 한 사람에 대한 성과 검증 없이 회사라는 조직이 함부로 팀원을 리더의 자리에 올리지 않았을 것이다.

그러니 팀장이 되는 순간 바꾸어야 하는 게 있다. 팀원으로서 혼자 일하는 것에 익숙했던 과거를 그만 청산해야 한다. 팀원은 상황에 따라 '원맨쇼'를 얼마든지 할 수 있다. 해도 된다. 하지만 팀장이 되면 팀원이라는 존재를 가지게 된다. 반드시 함께해야 할 구성원이 생겼다는 말이다. 혼자만 마구 달려나가는 것이 아니라 자신이 맡고 있는 팀 구성원 모두가 성과를 낼 수 있도록 만들어줘야 할 의무를 가지게 된 것이다. 팀원들과 함께 일하지 않는 팀장은 팀장의 자격이 없다.

성과를 만들겠다고 팀원을 혹독하게 다루거나 함부로 말하는 것은 성과라는 목적을 논하기 이전에 인간을 대하는 기본 예의에 어긋나므로 올바른 팀장 리더십이 아니며 사실 성과에도 긍정적이지 않다. 문제가 있으면 질책을 하되 성과를 위한다면 진짜 힘이 되는 말을 골라서 질책해야 하는데 팀원을 혹독하게 다루는 팀장들은 배출하듯 막말하고 닦달하는 경우가 대부분이다. 성과를 내라고 무작정 채찍질만 하는 것은 옳지 않다.

성과에 민감하게 반응하고 팀원들과 함께 성과를 적극적으로 만들어나가는 팀장이 되기 위해서는 다음의 세 가지를 철저히 주의해야 한다.

1. '대충'이라는 말은 절대 쓰지도 용인하지도 말아야 한다

팀장은 치열함에 대해 말해야 한다. 앞에서 언급한 A의 말들을 살펴보자. "괜찮아요. 일단 납기만 지키면 됩니다", "대충하죠. '와꾸' 신경 써서 PPT나 멋지게 만듭시다" 하는 말은 팀장의 언어로서 낙제점이다.

마지막 성과가 나오는 그 순간까지 모든 것을 소홀히 여기지 않고 끝까지 점검하는 태도를 말로도 표현해야 한다. "이제 마지막 순간입니다. 다시 한번 점검해 보죠", "이건 경쟁사를 이길 수 있는 확실한 제안서가 되어야 합니다", "결과가 나쁘면 모든 게 제로입니다. 조금만 더 신경 씁시다" 같은 말을 해야 한다.

2. '포기'라는 말과는 멀어져야 한다

팀장의 말투에는 '낙관적 인내'가 내포되어 있어야 한다. 예를 들어 당신이 영업팀장이라고 해 보자. 팀원인 영업사원이 당신에게 현재 추진 중인 영업 상황에 대해 보고하는데 고객 측의 반응이 시원치 않다고 말하는 상황이라고 생각해 보자. 이때 만약 당신이 이렇게 말한다면 어떨까. "이제 그만하죠. 왜 그렇게 미련을 두는 겁니까?", "그거 아니어도 할 게 많습니다. 다른 거나 신경 쓰세요", "세 번이나 방문했는데도 반응이 없는데, 뭘 또 하려고요. 이제 그만하세요" 하는 팀장의 말에는 포기를 재촉하는 마인드가 깔려 있다.

힘든 상황이라면 쉽사리 포기하지 않고 낙관적 인내를 가지도록 인도해야 하는 사람이 바로 팀장이다. 이렇게 말해야 한다. "이왕 시작한 거 제대로 끝을 봅시다. 근성을 보여줍시다. 멋지게 수주해서 포상 명단에 이름 한번 올려 보죠", "이게 안 되면 다른 것도 안 되는 겁니다. 마무리까지 최선을 다합시다", "세 번이나 방문하셨는데, 고생하셨습니다. 하지만 조금 더 노력해 봅시다. 열 번을 목표로 해서 방문해 보자고요. 저도 함께 가겠습니다."

3. '결과에 대한 무책임'을 용납하지 않는다.

팀장은 팀의 성과에 온전히 책임을 지는 '전사(戰士, warrior)' 중의 전사다. "내가 하자고 한 게 아니라 괜찮아요. 임원께서 알아서 하실 겁니다", "결과보다는, 일단 했으니 됐습니다", "솔직히 안 되는 거 알고 시작한 일이죠 뭐" 같은 말은 팀장이 할 말이 아니다.

다음과 같이 말할 수 있어야 한다. "우리가 끝까지 책임을 져야 합니다. 우리가 고객과 소통하는 회사의 대표 선수니까요", "일단 했으면 얻어냅시다. 성공하면 실적을 얻어내고 실패하면 교훈이라도 얻어서 얼른 다른 새로운 시도를 해 보도록 하죠."

위의 세 가지 말투가 당장은 어색하더라도 팀장이라면 분명히 습관화해야 한다. 쉽지 않더라도 하다 보면 분명 바뀐다는 점을 내가 장담한다. 어느 누군가는 생각을 바꿔야 말이 바뀐다고 하지만 꼭 그 순서대로 해야 하는 게 아니다. 말을 바꾸면 생각이 바뀐다. 말투부터 바꾸자. 이편이 빠르다.

아무것도 할 수 없는 어려운 상황이 눈앞에 닥치더라도 결과에 관해서는 절대 양보할 수 없다는 팀장의 말투는 팀원들이 부정적 상황을 극복해내도록 밀어주는 강력한 힘으로 작용한다. 팀장의 말은 팀원들이 다시 일어날 용기를 가져야 하는 이유가 되고 결국에는 조직이 기대한 바 이상의 성과를 달성했을 때 핵심 요인으로 손꼽힐 것이다.

팀원의 시간을 아껴주는
팀장의 말투

모두가 바쁘다. 팀장인 당신이야 말할 것도 없겠지만 팀원 역시 마찬가지라는 걸 잊지 말자. 팀 회의에 대해 생각해 보자. 팀장 입장에서는 모두를 한자리에 모아 이야기를 공유할 필요가 분명하다는 생각이 드는 상황일지라도 팀원들 각자로서는 하던 일을 중단해야 하는 불편한 업무중단이 일어난 것에 불과할 수 있다.

그렇다면 팀원은 팀장의 반대편에 서 있는 사람인가? 아니다. 팀원이 하고 있는 그 일은 팀장이 배분해준 일이다. 팀원의 일차적인 책임이자 의무는 그 맡은 일을 제대로 해내는 것이지 회의에 잘 참여하는 게 아니니 팀원들의 그런 뜨뜻미지

근한 반응은 꽤 합리적이다. 당신이 팀원으로서 회의에 회의적이었던 때를 기억하라.

팀원들의 시간을 존중하라

이런 팀원들을 향해 섣불리 '대화', '말하기', '커뮤니케이션', '조직문화', '단합' 등을 내세우다가는 오히려 팀원들의 뒷걸음질만 목격하게 될지도 모른다. 이미 우리는 팀장과 팀원의 입장 차이를 인정했다. 다가서지만 말고 물러서기도 하자.

팀원들의 상황을, 그리고 그들의 사고구조를 그대로 인정하고 대응하자. 그중 하나로 팀원들의 시간개념에 대응하자. 팀원들은 회의로 인한 업무시간 단절 때문에 불안하다. 그 단절되는 시간이 얼마나 될지를 팀장이 미리 명확하게 제안한다면 팀원들도 자신의 업무계획을 구체적, 실질적으로 조정하고 자기 일의 단절에 대한 불안에서 벗어날 수 있다.

팀원의 불필요한 시간낭비를 줄여주고자 하는 팀장의 노력으로 팀원은 비로소 자신의 업무에 보다 몰입하게 된다. 이는 곧 팀의 성과가 된다. 그리고 팀장의 시간에도 여유가 생긴다. "팀원의 시간을 아껴주면 팀장의 시간에 여유가 생긴다"라는 것을 기억해두기 바란다.

그럼 구체적으로 어떻게 말해야 할까? "우리 짧게 회의합
시다"라고 당신이 말했다고 해 보자. 과연 잘 말한 것일까. 아
니다. '짧게'라는 추상적 개념을 제시하기보다는 구체적인 시
간을 제안하는 게 옳다. "지금 10시 30분입니다. 20분 이내로
회의를 마칩시다. 11시부터는 각자 일할 수 있도록 말이죠."

시간이 제한되어 있으니 팀원들은 회의에서 해야 할 말을
머릿속에서 빠르게 정리하고 확실하게 표현할 것이다. 팀장의
시간제한 회의는 회의의 효율성을 높이는 장치다.

이렇게 제한시간을 상대방에게 먼저 구체적으로 제안하는
대화법은 영업사원들의 전략이기도 하다. 고객에게 "잠시만
시간을 내주실 수 있을까요?"라고 말하기보다, 전화라면 "3분
이내에 말씀드리겠습니다"라고 말하고, 대면 미팅이라면 "15
분만 시간 내주시면 됩니다"라고 말하면 고객의 거절 횟수는
대폭 줄어든다.

시간제한이라는 회의원칙의 파급효과

사실 여기에는 세대의 문제가 끼어 있다. 만약 당신이 40대
이상의 팀장이고 20대 팀원들과 일하고 있다면 더 말하지 않
아도 실감하고 있을 것이다. 새로운 세대는 자신의 시간과 회

사의 시간을 정확하게 구분한다. 개인적인 영역에 직장의 일이 끼어드는 것을 혐오한다. 팀장이 회의 자리에서 자신의 회한을 늘어놓는 것도 듣고 싶어 하지 않는다. 각자 맡은 바를 불평 없이 착실히 해내자는 주의다.

이런 팀원들과 같은 세대가 아닌 당신이 이들과 일을 함께 해야 한다면 이 한 가지만 일단 분명히 하자. 회의든 업무든 우선 시간제한부터 제대로 말하고 시작하도록 하자. 여기에는 팀원의 시간을 뺏지 않겠다는 팀장의 태도가 담겨 있으니 팀원은 팀장에 대한, 그리고 업무에 대한 경계를 낮추게 된다. '최소한 이 사람이 내 시간을 함부로 생각하는 그런 사람은 아니구나' 하면서 말이다.

팀장으로서 팀원들에게 '효율성', '효과성' 면에 있어서 신뢰를 얻을 수 있도록 말하자. 그래야 팀원들이 팀장의 어떤 요청에도 일단 기꺼이 움직일 것이다. 팀원들의 시간을 확보해주는 건 팀장의 의무이자 팀장의 이득이다. 당신의 팀원들은 주어진 시간만큼 분명 더 잘 해낼 것이다. 그리고 당신의 노력을 본 팀원들은 당신이 효율성이라는 원칙을 지켜나가는 사람이라는 점을 간파하고 자발적으로 그 규칙을 따르고자 할 것이다. 효율성이라는 팀장의 규칙. 그것이 효율적인 팀, 성과와 목표달성이 늘 확실한 팀의 기반이다.

팀원의 비전과 조직의 비전을
연결 짓는 말은?

불과 얼마 전까지만 해도 정보는 그 자체로 희소했다. 많은 정보를 갖고 있는 것이 한 개인의 능력과 동일시되었다. 회사도 마찬가지였다. 정보를 많이 갖고 있는 조직일수록 생존에 유리했다. 하지만 이제는 정보의 시대, 아니 정보 과다의 시대다. 이 시대가 요구하는 인재는 '무쓸모' 정보를 가득 보유하고 있는 사람이 아니라 필요한 정보만을 취합해서 새로운 개념으로 재구성한 후에 이를 적절하게 커뮤니케이션에 활용할 줄 아는 사람이다.

이제 팀장 그리고 팀원들은 정보를 독점하겠다는 욕심보다는 적절한 정보를 빠르게 공유하겠다는 마인드를 팀의 원칙으로 정해야 할 것이다. 그렇다면 어떤 정보를 어떻게 공유할 것인가. 팀장의 입장에서 그리고 말투의 측면에서 두 가지를 살펴보기로 한다.

첫째, 부족함을 솔직하게 공유하고 자기개선을 지향하는 말투

"굳이 내가 모르는 걸 티 낼 필요는 없죠. 괜히 말했다가 이사님에게 찍힐 일 있나요?"

"팀원들에게 굳이 우리 부서의 부족한 점을 까발릴 필요가 있을까요?"

"회의? 솔직히 팀장인 나도 바쁩니다. 하고 싶어서 하는 게 아니에요."

나라는 사람은 '부족한' 사람이지만 나처럼 부족한 사람도 누군가와 힘을 합치면 우리는 온전히 '충분한' 사람으로 변신할 수 있다. 물론 뭔가를 모르는 것을 넘어 그걸 티내는 사람은 부족한 사람이다. 하지만 자신의 모름을 알고 개선하려는 사람은 그것으로 충분한 사람이다. 타인에게 '나의 부족함을 인정하고 도와달라는 요청'을 적극적으로 해 보자.

부족한 입장을 드러내고 먼저 나서서 도움을 요청하면 도와주려는 사람들이 예상외로 많을 것이다. 이는 내 경험으로 장담한다. 회사에서 성장하는 데에만 써도 아까운 에너지를 소위 '자존심' 때문에 낭비하지 말기 바란다. 자신이 부족함을 인정하라. 자신의 부족함을 인정할 자신이 있나? 그렇다면 당신은 일단 제대로 된 팀장이다. 타인의 도움을 기꺼이 요청하자.

모든 기업의 지향점은 '일등'이다. 이를 위해 필요한 것은 기존의 틀을 깨는 차별화된 아이디어 창출이다. 이를 위해 조직의 구성원들은 각자의 의견을 적극적으로 개진하고 이를 업무에 반영하여 실행할 수 있도록 유연한 문화를 구축해야 한다. 이 중심에 있는 사람이 팀장, 바로 당신이다. 당신이 다음과 같이 말할 수 있어야 당신이, 당신의 팀이, 당신의 회사가 성과를 내고 목표를 달성한다.

"제가 연구한 것으로는 부족합니다. 이사님의 도움이 필요합니다."
"숫자에 대한 정확성만 보완하면 우리는 완벽한 팀입니다. 팀장인 저부터 반성하겠습니다."
"김 대리, 우리 팀의 부족한 부분에 대해 의견을 듣고 싶은데 언제쯤 시간이 괜찮은가요?"

둘째, 타인의 장점을 화제로 삼는 말투

"에이, 별거 아니에요. 재수가 좋았죠. 굳이 잘난 척할 필요
까지 있나요?"
"괜히 잘했다고 칭찬하면 기고만장한다니까. 그냥 모른 척
해."
"박 과장이 통계분석에 능하다고? 현장은 까막눈이던데?"

'성공 DNA'라는 표현은 업무 효과성을 높이는 조직문화
다. 일련의 조직적 습관을 가리키는 말이다. 이건 팀장의 아무
런 행동 없이 조직에 자연히 생겨나는 성질의 것이 아니다. 축
하할 일이 있으면 진심을 다해 말로 축하를 표현하는 조직 내
문화, 즉 패턴이 있어야 한다. 그래야 조직에 비로소 긍정적
에너지가 모인다. 안타깝게도 우리 한국 기업에는 축하할 일
이 있어도 드러내 놓고 축하해주는 데 익숙하지 않은 사람들
이 많다. 때로는 입방아에 오른다고 좋은 일이 있을수록 침묵
하는 경향도 있다. 이것이 한국 기업의 현실이다. 오죽하면 몇
몇 회사에서는 "칭찬합시다!"라는 캠페인까지 등장했을까.
당신의 팀은 어떤가. 당신이 어떤 조직에 있든 당신의 팀
안에서는 당신만의 색다른 문화를 만들어 보라. 팀원들이 서
로를 칭찬하는 일에 익숙해지도록 만들어라. 잘한 것이 있으

면 몇 배로 기뻐하고 기쁨을 곱씹고 그것을 축하하고 즐기는 자리를 팀원들과 만들어 보라. '잘한 것' 혹은 '잘하는 것'에 대해 거리낌 없이 커뮤니케이션하는 것, 이는 새로운 도전에 주저하지 않는 팀에 반드시 필요한 언어다.

세상이 팍팍하다 보니 상대를 존중하고 상대의 성과를 기뻐하기보다 약탈적이고 감정파괴적인 폭력적 언어가 횡행한다. '잘한 것'을 적극적으로 표현하는 말투에서 개인의 성장과 조직의 영속이 시작된다는 것을 모르기 때문에 일어나는 비극이다. 서로의 장점을 극대화시키기 위해서는 그 개인의 장점을 서로 알아주고 알려주며 전파해야 한다. '잘한 것' 혹은 '잘하는 것'에 대해 서로 적극적으로 이야기를 나누는 팀에는 항상 건강한 활력이 넘친다. 당신이 '개별 팀원의 강점'에 집중하는 팀장이 되어야 하는 이유다. 다음과 같은 말을 거리낌 없이 하는 팀장이 되기를 바란다.

"이사님이 말씀해주신 솔루션을 참조해서 새롭게 제안했고 성공했습니다. 감사합니다."

"정말 기뻐요. 축하합니다. 김 대리의 성공비결을 우리 팀에 전파하는 시간을 가집시다."

"통계박사 박 과장에게 도움을 받아서 우리 현장의 데이터를 분석해 보는 것이 어떨까요?"

셋째, 팀원의 비전과 조직의 비전을 연결짓는 말투

팀에 성공 DNA를 주입하고자 하는 팀장이라면 팀원들과 꼭 공유해야 하는 것이 한 가지 더 있다. '개인의 꿈과 조직의 비전'에 대한 공유다. 물론 다음과 같이 말하고 생각하는 팀원이 분명히 당신의 팀에도 있을 것이다. '나의 행복과 회사의 성과가 도대체 무슨 관계가 있다고?', '성과만 내면 되는 거 아니야? 수단과 방법이 뭐가 중요한 거지?' 이때가 바로 팀원의 잘못된 생각을 제대로 된 방향으로 이끌어갈 사람, 즉, 팀장이 필요한 순간이라는 것을 잊지 말자.

정보 과잉의 시대에 더 이상 구시대의 관리자는 필요가 없다. 단순히 성과 하나만을 갖고 팀원을 소위 닦달해서는 팀장의 자격이 없다. 팀장이라면 팀원에게 팀의 비전은 물론, 팀의 비전이 팀원의 비전과 일치할 수 있음을 설명할 줄 알아야 한다. 직장생활을 하면서 가장 스트레스를 받는 순간은 조직의 앞날이 예측되지 않고 자신의 힘으로 무언가 해 볼 도리가 없는 그런 상황이다. 이럴 때일수록 회사와 팀의 비전을 팀원 개인의 비전에 연결해주는 팀장이 팀원에게 안정감을 준다. 팀원의 마음에 있는 성공 DNA를 더욱 강화시켜주는 것이다. 당신의 말이 팀원의 성장을 자극할 수 있을 때 당신의 팀의 가능성이 무한히 확장된다는 점을 잊지 말자.

팀원의 신뢰를 얻고자 할 때
효과적인 말투

어떤 팀장에게든 팀장 특유의 지위와 권력이 있다. 그러니 팀장을 상대로 맞서 싸우겠다고 작정하는 팀원은 드물 수밖에 없다. 팀원이라면 팀장과 맞서 싸우기는커녕 무엇이 어떻게 잘못되었고 어떻게 해결할지를 팀장에게 말하는 것조차 쉽지 않다. 그래서 그런지 팀장에게 속된 말로 깨지고 나면 팀원은 뭔가 소심한 복수를 하고 싶어진다. 사춘기 시절에 어른으로 부터 잔소리를 들으면 방문을 꽝 닫고 들어가 버리던 것처럼 팀장에게 필요한 자료를 무의식적으로, 사실은 일부러 슬쩍 치워버리고 모른 척하기도 한다.

팀장에 대한 팀원의 신뢰는 당연한 게 아니다

내가 신입사원이던 시절 내 팀장에 대한 이야기를 해 보겠다. 타 부서에서 일처리가 늦어져서 업무가 지연되었는데 그걸 미리 체크하지 못했다고 나는 된통 질책을 들었다. 질책은 받아들이겠는데 팀장의 방식은 폭력적이었다. 고요한 사무실에서 자신의 옆자리에 나를 세워놓고 큰소리로 짜증을 쏟아붓는 팀장의 시간을 견디며 팀원이었던 내 마음속에는 수치심이 가득 찼다. 그는 나를 믿지 못했다.

분노나 짜증을 직접 드러내지는 못하고 꾹꾹 참으려고만 하니 그 스트레스가 제대로 풀릴 수 없었다. 팀원이란 감정을 직접 드러내기 어려운 약자의 입장에 있기 때문이다. 힘센 사람, 즉 팀장과 맞서기는 곤란하고 그렇다고 그냥은 못 넘어가겠는 양가적 감정이 충돌하는 과정에서 팀원이 취할 수 있는 전략은 거의 없다. 직장생활이 즐거울 리는 만무하고 안정적일 수도 없다. 늘 부담 가득, 스트레스 가득이다. 팀장에 대한 신뢰나 믿음은 기대하기 어렵다. 팀원의 신뢰는 팀장이 당연히 얻을 수 있는 게 아니라는 말이다.

팀장에 대한 신뢰는 팀원이 팀장을 믿고 따르게 만드는 기본적인 힘이다. 신뢰가 없는 팀장의 말을 듣고 싶은 팀원은 세상에 없다. 작은 일 하나부터 믿음을 주는 말과 행동을 하는 것에 팀장이 게을러서는 안 되는 이유다. 팀원 입장에서 일이 싫어지는 건 팀장과의 신뢰관계가 흔들린 게 이유인 경우가 다반사다.

팀원의 신뢰를 얻는 법

다음 사례를 살펴보자. 임직원 300명 규모의 IT 회사에 재직 중인 한 팀원은 자신의 직속상사를 못 믿게 된 계기를 매년 초에 있었던 목표배분 과정 그리고 그 후속조치에서 찾았다. 늘 성실하고 늘 성과를 차질 없이 수행하는 그를 보면서 팀장은 매년 다른 사람보다 10% 이상의 목표를 더 부여했다고 한다. 한 해, 두 해는 좋았지만 삼 년이 지날 무렵에도 역시나 과중한 목표가 주어졌고 팀원은 '왜 나에게만 일이 몰릴까?'라는 불편함에 신경쇠약에 걸릴 지경이 되었다. 그는 마음을 단단히 먹고 팀장에게 항의했다.

팀원: 팀장님, 그나저나 왜 저는 늘 다른 사람들보다 10% 이상 목표를 더 받아야 하나요?
팀장: 잘하니까 그렇죠. 목표달성? 부담 갖지 말래도요.
팀원: 작년에도 그랬는데 올해도⋯.

팀장: 회사생활 하루 이틀 해요? 지나치다고 생각하면 말
    해요. 연중이라도 목표 바꿔줄 테니까요.
팀원: ….

연중에 목표를 바꿔줄 수 있다는 팀장의 말에 그는 일단
참았다. 그런데 그해부터 전반적으로 경기가 하강국면으로 들
어가기 시작했다. 목표와 격차가 상당 수준 벌어지며 목표달
성은 도무지 불가능해 보였다. 상반기가 지날 무렵 그는 팀장
을 찾아가서 목표 변경을 요청했는데 돌아온 팀장의 대답은
냉정하기 이를 데 없었다. "조직에서 연중에 무슨 목표를 변경
해요?" 그날 이후 팀원은 팀장에 대한 믿음과 신뢰를 내려놨
고 그 다음 해 다른 팀으로 자리를 옮겼다.

연봉은 민감한 문제다. 그러니 목표를 설정할 때는 팀장이
팀원과 커뮤니케이션을 통해 팀원의 능력과 그간의 실적과 의
지까지 고려해 신중히 설정해야 한다. 팀원에게는 팀장의 그
런 태도가 필요하다. 이는 팀장을 향한 신뢰의 문제이고 신뢰
가 없이는 정해진 목표를 향해 달려나갈 수 없으니 팀의 성과
까지 좌우하는 문제다. 물론 팀장 각자에게는 나름의 업무진
행 스타일이 있을 것이다. 하지만 다음 기준에 의거해 팀원과
합리적으로 이야기 나눌 줄 알아야 한다. 그래야 조직과 팀과
팀원 개인에게 의미 있는 목표를 설정할 수 있다. 유의미한 목

표 설정은 조직 성과의 시발점이다.

■ 합리적 목표설정의 3단계

1. 계획 단계
   • 올해의 중점업무
   • 부여된 목표에 대한 접근법
   • 성과와 동반시킬 자기성장의 테마
   • 목표달성에 따른 기대감

2. 중간점검 단계
   • 업무의 진행상황
   • 예상목표와 계획목표의 차이
   • 예상목표 미달의 이유
   • 목표달성을 위한 건의사항

3. 평가 단계
   • 목표달성 리뷰
   • 잘된 점과 아쉬운 점 리뷰
   • 자체 평가(정량적, 정성적 자기평가)
   • 다음 해의 도전 아이템

사람 사귈 때도 첫 만남에 친해지긴 어렵다. 꽤 긴 시간이 흘러야 그 사람 생각도 알게 되고 서로 마음의 문도 열게 된다. 시간이 필요하다. 이때 중요한 게 있다. 바로 신뢰다. 신뢰가 없으면 관계를 좁히기 위한 인내심을 갖기 힘들다. 가까워지려고 노력하다가도 의심스러운 행동 하나가 결정적으로 작용해 관계를 엉망으로 만든다.

경계심을 낮추지 않는 팀원이 있다면 팀장으로서 어떻게 해야 할까? 그가 현재 당신을 충분히 신뢰하고 있지 못하다는 점을 받아들여라. 그리고 그에게 신뢰와 믿음이 쌓이도록 당신이 말과 행동에 노력을 기울여라.

혹시 팀원이 부탁한 일을 잊어버리고 처리해주지 않은 적이 있지 않은가? 휴가 중인 팀원에게 일처리를 요청해서 그 팀원이 결국 쉬는 것도 아니고 일하는 것도 아닌 상태로 만들지는 않았나? 갑자기 약속이 생겼다는 말도 없이 외근해서 팀원들 전부가 결재를 기다리게 한 적은 없었나?

팀장이라는 자리는 팀원의 신뢰가 있을 때 비로소 만들어진다. 팀원의 신뢰 없이 팀장의 자리는 없다. 팀장이 믿을 만하지 못하다고 생각하는 순간 팀원은 비관주의에 빠진다. 어떤 팀원에게도 이런 상황이 벌어지기를 당신은 바라지 않을 것이다. 절대 팀원을 실망시키지 마라. 특히 목표설정에 있어서는 더욱 진지하고 신중한 태도를 가져라.

팀장이 없을 때 제대로 움직이는 팀에서 주고받는 말들

거침없이 성과를 내는 '두려움 없는 조직'은 팀장과 팀원들의 허물없는 대화에서 탄생한다. 대화는 팀장과 팀원이 함께 팀의 방향성을 점검하고 업무를 지속적으로 수정 보완할 수 있게 해주기 때문이다.

팀장과 팀원 간 대화에 있어서 팀장의 역할은 팀원에게 방향성을 제시하고 그 일을 실행하는 것을 독려하는데 그쳐서는 안 된다. 올바른 방향으로 가고 있는지, 반드시 해야 함에도 불구하고 하지 못하고 있는 중요한 일이 있지는 않은지 등을 팀원이 스스로 확인할 줄 알게 만들어주는 것을 최종 목적으로 삼아야 한다.

팀장의 개입이 있을 때만 움직이는 팀원들로 구성된 팀이 있다. 팀장이 그렇게 만들어두었기 때문인 경우가 대부분이다. 이런 팀은 답답하다. 발전 가능성이 희박하다.

사사건건 간섭하는 팀장을 좋게 봐줄 팀원은 없다. 당신은 그런 팀장이 아니라고 생각하겠지만 가벼운 농담을 던져 보겠다면서 팀원에게 "책상을 보면 다 알아요. 좀 맑은 정신으로 일할 수 있도록 치우고 살면 안 되나요?"라고 말하는 것도 실은 문제다. 팀장 자신의 기준으로 팀원을 함부로 재단하며 말했다. 이는 옳지 못하다.

팀원에 대한 팀장 개입의 최종목표는 '자율'이어야 한다. 하지만 팀원들에게 평소 팀장의 모습이 팀원들의 자율을 기대하지 않는 리더로 비춰진다면 팀원들은 자율을 발휘하지 않는다. 그러니 팀 내 자율성의 정도는 팀장이 좌우한다. 팀의 자율성은 탁월한 성과의 전제조건이자 두려움 없는 팀 구축의 핵심 키워드다.

팀장: 이 보고서 폰트는 바탕체 10포인트로 하세요.

대리: (임원이 보고 받을 텐데 큰 글씨가 낫지 않을까?) 네, 알겠습니다.

팀장: 아, 세 장은 컬러로 프린트하고, 나머지 두 장은 흑백으로 해도 돼요.

대리: (그렇게 하려고 했는데…) 네, 알겠습니다.

팀장: 잊지 말고 회의실에 물도 미리 갖다 놓도록 하세요.

대리: (이미 사놨는데…) 네.

팀장: 이렇게 내가 하나에서 열까지 챙겨야 하니… 아이
고, 두통이야.

대리: ….

이런 패턴 속에서 팀원이 자율적이지 못한다고 비판하는 건 비합리적이다. 이런 상황에서 팀원은 자율이란 단어를 머리에 떠올릴 수 없다. 자율이란 지배나 구속을 받지 않고 자기 스스로의 원칙에 따라 움직이는 것을 말한다.

팀장의 말투는 팀원 스스로가 자신의 판단에 따라 업무를 수행하고 성과를 내며 책임을 질 수 있도록 설계되어야 한다. 두려움 없는 팀을 만드는 키워드 '자율'과 관련하여 다음의 몇 가지를 생각해 보도록 하자. 당신의 팀은 어떤 모습인지 점검해 보자.

첫째, 팀장이 부재중일 때도 잘 흘러가는 팀인가?

많은 팀장들이 착각하는 게 하나 있다. 팀원의 잘못을 사사건

건 지적하는 것을 '꼼꼼함'이라 생각하는 것이다. 물론 일의 진행 과정 하나하나를 체크하고, 좋은 결과가 나올 수 있도록 점검하는 것은 팀장의 임무다. 하지만 작고 사소한 것까지 세심하게 끼어드는 팀장의 말투에 팀원은 감시받는다는 느낌을 받을 수밖에 없다. 결국 팀원은 자율을 포기하고 팀장이 시키는 대로 수동적으로만 일하기를 택한다.

조직의 건강은 '무위이화(無爲而化)' 즉, 애써 힘들여 하지 않아도 잘 되는지 여부에 따라서 결정된다고 한다. 예를 들어 팀장이 부재중이어도 팀이 아무렇지도 않게 흘러가는 조직이 최고의 조직이라는 말이다. 당신의 팀은 어떠한가.

둘째, 팀원이 자신의 일에 의미를 부여하고 있나?

팀장, 팀원 모두가 자신의 일에서 의미를 찾지 못하고 있다면 그런 팀은 썩어가는 조직이다. 타율적이며 수동적이고, 소극적인 자세를 가질 수밖에 없기 때문이다.

"왜 이렇게 말들이 많아요? 그냥 하라는 대로 하는 거죠."
"그냥 위에서 시킨 것이니 일단 따르고 봅시다."

이런 말투의 팀장 밑에서 일하는 팀원은 얼마나 답답할까. 팀원의 일에 의미를 부여하고 또 그것을 설명할 줄 아는 건 팀장으로서의 가장 큰 덕목 중 하나다. 이제 당신의 말은 이렇게 변해야 한다.

"우리는 고객의 아침 시간을 획기적으로 줄여주는, 가치 있는 프로젝트를 진행하고 있습니다."
"이 아이디어를 일단 잘 두었다가 나중에 잘 적용하면 업무 프로세스 개선에 큰 도움이 될 것 같네요."

셋째, 자율이 무책임이 아님을 팀 전체가 알고 있는가?

자율 속에는 책임이 숨어 있다. 그 책임을 다하기 위해 스스로 엄격한 기준을 설정하고, 또 회사와 합의된 목표에 부합하는 목표달성 방안을 자기 주도적으로 실행할 수 있어야 한다. 그러니 자율적인 분위기에서 일하는 사람들은 반대의 분위기에서 일하는 사람들에 비해 목표 미달성에 크게 절망하고 죄책감을 느낀다. 세계 최고의 IT 기업에서 근무 중인 어떤 분이 이런 말을 했다.

"우리 회사 이름을 말하면 '하고 싶은 것을 마음대로 할 수 있는' 조직 문화를 떠올립니다. 하지만 여기서 생략된 것이 있습니다. 하고 싶은 것을 마음대로 하되, 그 책임까지 져야 한다는 것입니다. 구성원의 의지와 열정에 따른 업무 수행은 100% 인정하지만, 그에 따른 성과에 대해서도 철저하게 각자의 책임으로 가져가는 게 바로 우리의 문화입니다."

자율적으로 일할 수 있는 대신, 실제로 성과를 내지 못할 때 받는 스트레스가 상상 이상이라는 말이었다. 자율이란 팀장과 팀원들 각자가 스스로의 책임과 성과에 책임지는 조직 원리다.

자율적인 팀에서 팀장은 팀원들에게 이런 말투를 사용해 말한다. "좋은 아이디어네요. 실행했을 때 예측되는 결과를 검토해 보고 다시 얘기합시다", "이렇게 하면 업무에 과부하가 일어날 것 같은데, 부담되지 않겠어요?"

자율이라는 조직 원리는 팀원들로 하여금 '주인의식'을 가지게 하고, 이 주인의식은 자신이 하고 있는 일에 '몰입'하게 한다. 팀원들이 스스로 성과를 만들어 내는 팀, 문제 상황을 창의적으로 돌파해내는 팀을 원한다면 자율을 팀의 조직 원리로 정착시켜야 한다.

어떤 어려움 속에서도 두려움 없이 앞으로 나아가는 팀을 만들고 싶다면 그 팀의 동력은 자율이어야만 한다. 이를 정착시키는 것은 팀장의 일이다.

5장

문제 상황을 반전시키는
팀장의 말

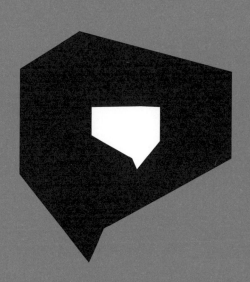

How the team leader speaks

언제나 통하는 건
팀장다운 말투뿐

고객에 대해, 혹은 고객으로부터 자유로운 팀장은 대한민국 기업에 단 한 명도 없을 것이다. 당연한 일이다. 거의 모든 회사의 경영이념에는 '고객'이라는 말이 들어 있다. 거의 모든 회사의 출발점이 고객에 있다는 점을 알 수 있다. 고객을 빼놓고 조직을 논한다는 것은 있을 수 없는 일이다.

모든 직장인은 '고객바라기'가 되어야 한다. 누군가가 내 머리 꼭대기에 앉아 있다는 건 아주 기분 나쁜 일이지만 내가 휘둘리는 그 상대방이 다름 아닌 고객이라면 어떤가? 기꺼이 휘둘려야 한다. 고객이 우리 회사의 존재가치를 결정하고, 우리 팀의 존재가치를 결정하기 때문이다.

그러니 고객이라는 키워드는 어떤 문제 상황에서든 만능 키처럼 쓸 수 있다. 임원을 설득해야 할 때도, 팀원들을 설득해야 할 때도, 타 팀과 협업해야 할 때도 고객이라는 가치는 결코 누구에게도 단순한 명분 정도로 치부될 수 없다.

그러니 팀장인 당신은 확실한 고객관을 가지고 있어야 한다. 그래야 고객가치라는 만능 키를 쥐고 다양한 위기를 제대로 극복해나갈 수 있기 때문이다. 그간 당신은 정말 고객을 최우선으로 생각해 왔나? 스스로에게 질문해 보자. 당신은 과연 고객을 항상 머릿속에 두고 일하고 있나? 당신의 팀에서 만들어지는 모든 결과물이 정말 고객에 대한 고민의 산물인가?

팀장 자리에 있는 당신은 어쩌면 고객에 대한 개념도 아직 온전하게 가지고 있지 않은 상태일 수 있다. 당신의 고객관은 당신 팀원들의 고객관이 된다. 당신이 확고한 고객관을 구축하면 당신의 팀은 확고한 문제해결력을 보유하게 될 것이다. 제대로 된 고객관을 구축하기 위해 세 가지를 점검해 보자.

첫째, 고객이란 누구인가

"내가 무슨 고객 '시다바리'도 아니고…."

"나는 마케팅 부서에 있으니 굳이 고객을 꼽자면 내부 직원들이지…"

"우리는 B2B 회사잖아요. 최종 소비자는 우리 고객이 아닙니다. 신경 안 써도 돼요."

고객과 직접 만나지 않는 부서에 있는 팀장 혹은 팀원이 위와 같이 말했다고 치자. 맞는 말일까. '내게 고객은 오직 내부 고객뿐이지'라고 생각하고 있다면 틀렸다. 어떤 기업이든 고객은 단 하나다. 최종 소비자(End-User), 즉 '외부 고객'이다. 개발팀의 김 대리에게도, 총무팀의 박 차장에게도, 회계팀의 최 과장에게도 고객은 단 하나, 외부 고객뿐이다. 이를 부정하는 사람은 조직 구성원의 자격이 없다. 팀장인 당신부터 먼저 고객개념을 이렇게 제대로 정립해서 확실하게 말할 수 있어야 한다. 팀장이 먼저 확언하지 못하면 팀원들은 더더욱 이렇게 말할 수 없다. 팀장은 이렇게 말할 수 있어야 한다.

"영업사원이 부끄러워할 정도로, 고객을 더 생각하는 재무팀 구성원이 되어 봅시다."
"상품을 파는 영업사원이 고객에게 더 가치 있는 영업사원으로 보이도록 도와주도록 하죠."
"고객이 우리 회사의 서비스를 이용하고 있다는 점을 자랑스럽게 말할 수 있도록 만들어 보면 어떨까요?"

둘째, 고객은 당신의 말을 듣고 회사를 판단한다

혹시 주변 사람들에게 때로 이런 말을 하고 있지는 않은가.

"우리 회사 제품을 왜 써요? 그냥 다른 회사 거 구입해요."
"조직문화도 경직되었고… 비전도 없고… 그냥 대충 다니
려고요."

오래전의 일이다. 어느 가전제품 회사에서 영업 스타로 이
름을 날리던 주부 영업사원의 강연을 들은 적이 있다. 그 회사
는 대기업과는 비교 불가할 정도로 작은 규모의 회사였다. 상
품 역시 마찬가지였다. "고장이 빈번하다", "AS가 엉망이다"
등 평판 역시 별로였다. 하지만 그분은 회사의 평판과 무관하
게 수십 억의 연간 매출을 기록해냈다. 어떻게 된 일일까?

그분이 말했던 영업 방법론에 대해서는 잘 기억나지 않는
다. 내 뇌리에 박혀 있는 건 이것 하나다. "우리 회사 제품이 최
고입니다!" 그는 두 시간가량 진행되었던 강연 내내 그렇게 말
했다. 강연 도중에 단 한순간도 '우리 회사가 최고'라는 자부
심에서 벗어나는 말이나 행동을 하지 않았다. 말과 표정에서
자신의 회사에 대한 긍지와 자부심이 철철 넘쳐흘렀다.

그분이 직접 영업을 할 때는 고객이 그분 회사의 제품과

서비스가 속된 말로 '후지다'고 의심을 해도 좌절하지 않고 오히려 이렇게 설득했다고 한다. "무슨 말씀이세요. 저희 회사 제품은 최고입니다. AS가 늦다고요? 저한테 말하세요. 제가 책임지고 세계 최고의 AS를 보장하겠습니다. 저를 믿고 저희 회사 제품을 믿으세요. 결코 손해 보지 않게 하겠습니다. 저를 믿고 구입해서 사용해 보시면 저희 회사 제품이 최고라는 제 말이 틀린 게 아니라는 걸 아시게 될 겁니다."

빛나는 눈빛과 확신에 찬 어조로 이렇게 말하는 그 앞에서 누가 의문을 제기할 수 있을까. 고객가치를 창출하는 말은 자기가 몸담고 있는 회사에 대한 자부심에서 시작된다. 고객은 사람을 보고 그 사람이 소속된 회사를 평가한다.

그러니 팀장이라면 자신의 회사와 제품과 서비스에 대한 자부심을 드러내는 긍지의 언어를 써야 한다. 팀장은 고객과 팀원을 이어주는 커뮤니케이터를 자처해야 한다.

"아직도 몰라요? 5G는 우리 회사가 최고예요."
"조직문화하면 또 우리 회사 아닙니까."

나는 생각한다. 우리가 회사 밖에서 만나는 모든 사람은 내가 재직 중인 회사의 고객이다. 자영업을 하는 친구, 군 복무 중인 친구 동생, 정년퇴직한 고모부, 네일아트 가게를 하는 사촌 동생, 사진 동호회에서 만난 친구들 모두가 우리 회사의 고객이다. 회사 밖의 어떤 순간에도 당신의 모든 말은 고객을 섬기는 언어여야 한다. 자기 회사에 대한 자부심으로 가득한 팀장의 말이 회사 안에서는 팀의 사기를, 회사 밖에서는 조직의 가치를 최고로 만들어낸다.

셋째, 고객의 성장을 도와주는 게 진짜다

"제가 월말 마감이 임박해서요. 어떻게 신청서 하나 넣어
   주실 수 없으세요?"
"다른 회사보다 가격 싸게 드릴게요. 그러면 되시겠죠?"
"이렇게 잘해주는데 도대체 왜 안 쓰시나요?"

영업 혹은 판매 분야에 특히 필요한 팀장의 언어에 대해 생각해 보자. 고객 발굴이란 말이 있다. 어딘가에 있는 고객의 니즈(needs)를 발견하는 일이다. 그런데 고객은 자신이 무엇을 원하는지 잘 모른다. 고객 스스로도 자신이 원하는 것을 모르는 데 마케팅 조사만으로 고객의 니즈를 찾겠다고 하는 건 좀 건방진 생각이 아닐까. 고객을 보지 못하고 우리가 보고 싶은 것만 찾고 있는 것은 아닌지 의심스럽다.

기업 고객을 담당하는 영업사원 중에 영업의 달인이라고 불리는 분이 있었다. 그분은 고객에게 이런 말을 듣는다고 했다. "제 일을 대신해주시는 것 같아요." 고객이 미처 생각하지 못한 것들을 찾아내어 알려줄 정도란다. 고객이 자기 회사의 사업 방향에 대해 영업사원에게 문의를 한다고 하니 말 다 했다. 그분은 말했다. 고객을 만나서 하는 일이 고작 같이 담배 피우고, 점심식사 함께하며, 판촉물 몇 개 전달하고 오는 게 전부인 사람은 영업사원의 자격이 없다고 말이다. 고객이 맡은 업무가 무엇인지를 사전에 파악해서 '일을 대신해주는' 느낌이 들 정도의 제안을 할 줄 아는 게 진정한 영업사원이라고 말이다. 이제 우리의 잘못된 말투를 분명히 교정하자.

"저희가 아니면 도대체 누가 도와드린단 말입니까. 당연히 제가 도와드려야죠."

"부장님. 저희 회사 서비스가 최고입니다. 저희가 최저가는 아니지만 안정성과 연계서비스 생각하시면 분명히 값을 합니다. 저를 믿고 한번 사용해 보세요. 후회하지 않으실 거라 확신합니다."

"지난번에 뵈었을 때 고민된다고 말씀하시던 거 있잖아요. 저희 회사에 이런 솔루션이 있는데 이거 한번 참고해 보시라고 가져왔어요."

'위에 앉아' 말하지 말고,
'아래에 서서' 요청해 보라

상대방의 지식과 지혜를 긍정적으로 포용하는 태도는 성장을 원하는 사람 누구에게나 필요한 태도다. 이 태도는 상대방에 대한 이해에서 시작된다.

'이해'란 무엇일까. 영어로 'understanding'인데 이 단어를 분석해 보면 'under'와 'standing'으로 나뉜다. 즉 이해란 당신이 이해하고자 하는 상대방의 위에 서는 게 아니라 아래에(under) 서는(standing) 것이다. 위에 서서 아는 체하는 게 아니라 아래에서 간절한 마음으로 요청하는 모습이 '이해'의 모습이다.

도움을 청하는 말에 팀장이 미숙한 이유

특히 신임팀장들은 누군가에게 요청하는 말을 하는 데 미숙하다. 우선 상대방에 대한 이해가 부족하다. 타인의 말을 닫힌 마음으로 듣는 습관 때문인 경우가 대부분이다.

하지만 팀장이라면 다른 부서나 다른 조직의 협조에 관심을 크게 기울여야 한다. 나보다 경험이 많은 사람의 조언이라면 여러 번 곱씹어 활용할 줄 알아야 한다. 처음 팀장이 될 때는 그간 아래에만 있다가 누군가의 위에 있게 되는 위상 변동을 겪는다. 그러면 '아래에 서서' 요청하기보다는 이제는 '위에 앉아' 말하려 한다. 이는 실수다. 아랫사람은 물론 윗사람에게까지 실수하고야 만다. 결국 낭패를 당하는 경우가 많다.

도움말을 청할 줄 아는 팀장이 팀의 성과를 사수한다

다음 사례에 대해 생각해 보자. 대형 고객을 유치하기 위해 부서 전체가 힘을 기울이고 있는 프로젝트가 진행되고 있는 중이다. 김 팀장은 임원에게 중간보고를 해야 했다. 밤샘을 했다. 보고서를 만들었고 회의가 열렸다. 회의에 참석해서 묵묵히 듣고만 있던 이사님이 질문을 했다.

이사: 김 팀장. 고객사 임원의 취미가 뭡니까?

팀장: 네? 취미요? 그런 것까진 제가 알 수가 없죠.

이사: 그래요? 음, 그럼, 기존에 우리 회사의 서비스를 사용하고 있는 게 뭐 있나요?

팀장: 미처 파악을 못했습니다. 그런데 그건 이번 제안과 관련이 없….

이사: 도대체 지금까지 뭘 준비한 건가?

팀장: 프로젝트를 준비하느라 그런 것까지 고민할 시간이 없었습니다.

김 팀장은 프로젝트를 성공시키기 위해 최선을 다했다고 자부했다. 경쟁사의 가격 정책은 물론 제안사항의 세세한 부분까지도 점검을 끝낸 상태였다. 프로젝트 성사의 키는 고객사의 부장이라고 생각해 왔다. 그와 나름대로 좋은 관계를 가져 왔기 때문에 수주하게 될 거라 확신하고 있었다. 그런데 이사님은 '고작 고객사 임원의 취미 따위'나 물어보고 있었다. 속으로 비웃으면서도 겉으로는 이렇게 대답했다. "이사님, 걱정하지 마세요. 제가 파악한 바로는 담당 부장이 기안을 어떻게 하느냐에 따라 성패가 갈립니다. 그쪽 임원은 의사결정을 내릴 때 부장의 뜻을 따른다고 합니다. 이 프로젝트요? 이건 거나 다름없습니다!"

자신감 넘치는 김 팀장의 말에 이사님은 뭔가 얘기를 하려다 말고 "좋은 결과를 기대하네"라는 말만 남기고 회의실을 떠났다. 결과는? 그 프로젝트는 실패했다. 회사의 연간 매출 달성과 연관된 정말 중요한 프로젝트였는데 말이다. 믿었던 고객사 부장은 미안하다는 문자메시지 하나만 달랑 보내왔다. 알고 보니 그 프로젝트의 최종 의사결정에 임원이 깊게 개입했던 것이었다. 경쟁업체는 온갖 인맥을 동원하여 고객사 임원의 취미였던 골프 접대를 하는 등 적극적으로 나설 때 김 팀장은 담당자인 고객사 부장만 믿고 넋을 놓고 있던 것이었다.

이사님의 직관이 옳았다. '나름대로 전문가' 운운하던 김 팀장은 눈물을 삼켜야 했다. 이 경험에서 김 팀장은 값진 깨달음을 얻었다. "내가 열 가지를 알고 있어도 그것이 전부라고 생각하지 말자"라는 진리를 몸소 깨달았다. 열을 안다고 생각할 때에도 열하나 열둘을 알고 있는 누군가의 도움을 받을 줄 알아야 함을 뼈저리게 느꼈다. 이건 내가 신임팀장 때 겪은 일이었다.

팀장은 타인의 도움말을 제대로 들을 의무가 있다. 그게 팀의 성과를 지키는 길이기 때문이다. 듣는 걸 넘어, 타인의 도움말을 적극적으로 요청해야 한다. 도움말을 객관적으로 확인하고 적극적으로 받아들이려고 노력해야 한다. 그것이 팀장의 말투여야 한다. 타인의 도움말을 듣는 걸 불쾌하게 여기고 도움말을 요청하는 데 자존심을 내세우는 건 비합리적이다. 일단 팀장 자신에게 도움이 되지 않는다. 만약 생사의 문제라면 고작 팀장 자신의 개인적인 생각에만 의지할 엄두를 낼 수 있을까? 위험한 태도다.

그렇기 때문에, "내가 옳다"는 생각이 굳건한 팀장이 존재하는 팀은 미래가 어둡다. 위험하다. 팀장이 타인의 말을 전혀 듣지 않으면 팀이 숱한 기회를 놓치고 그 팀장 한 명 때문에 모든 성과를 무너뜨릴 수 있다. 상대방이 혹여 틀린 이야기를 할지라도 일단 듣고 그것을 곱씹어 틀렸다는 결론을 끌어내고자 하는 수용적 태도가 팀장에게는 필수다. 그래야 팀장은 팀의 성과를 사수할 수 있다.

지적인 팀장이
책임을 물을 때

팀원이 실수했을 때 팀장이 어떻게 대처하는지가 팀 커뮤니케이션의 활력을 좌우한다. 단언컨대 팀원들을 직설적으로 지적하는 말은 절대 하지 마라.

물론 "내가 팀장인데 팀원에게 지적을 하면 안 된다고?"라고 말할 수도 있겠다. 사실 지적해도 된다. 누구나 어떤 말이든 해도 된다. 그런데 누구나 자신의 말이 가져오는 결과에 책임도 져야 하기 때문에 하는 말이다.

지적이 필요한 상황, 즉 팀원의 말이나 행동에 잘못이나 부족함이 드러나는 상황은 분명 존재한다. 그런데 이때 팀장으로서 어떤 말을 할 것인지 생각해 보자. 지적하는 말을 그대로 내뱉는 건 가장 쉬운 선택이면서 실은 불필요한 선택이다.

그런 상황에서 팀장이 해야 할 일은 무엇일까. 잘못을 콕 집어내어 혼내는 걸까? 그렇지 않다. 팀장이 해야 할 일은 팀원의 잘못된 선택이 과연 어떤 것인지를 제대로 가르쳐 주는 것이다. 혼내고 지적하는 팀장들도 사실 이런 목적을 가지고 있을 것이다. 하지만 이는 목적 달성에 비효과적인 방법이다. 그 이유에 대해 생각해 보자.

팀장: 이 대리, 이거 어떻게 할 건가요?

팀원: 죄송합니다. 팀장님.

팀장: 자료를 이렇게밖에 정리하지 못하다니 실망했습니다. 보고서 페이지마다 오류가 있고 글과 이미지가 맞지 않는 부분이 지금 다섯 군데가 넘잖아요.

팀원: ….

팀장: 이 정도면 시말서감이에요. 혼자 진행하도록 둔 게 후회되네요.

팀원: ….

당신은 혹시 이런 말투를 여전히 사용하고 있지는 않은가. 만약 그렇다면 팀의 커뮤니케이션 활력은 아주 낮을 것이 분명하다. 겉으로는 활력 있어 보이더라도 역동적인 커뮤니케이선과는 거리가 먼 신기루에 불과할 것이다.

지적과 질책의 비경제성

팀원을 불편하게 만들고 창피를 주는 직설적 비판은 절대 금물이다. 함께 성장하고 발전하자는 의미로 말한 것이어도 말투의 형식이 무례하면 애초의 목적은 결코 달성되지 않는다.

지적에는 부정적인 감정이 끼어든다. 예의를 갖춘 겸손한 지적이 있을 법도 하지만 보통 지적은 무례해진다. 무례한 지적이 만연한 조직문화는 조직을 썩게 만든다. 상대방을 직접적으로 혼내거나, 간접적으로 비아냥거리거나, 놀리거나 모두 마찬가지다. "모두 팀원 잘되라고 하는 말이다"라는 건 뻔한 변명이다. 자신의 부정적 감정을 위계에 힘입어 손쉽게 분출한 것일 뿐이다. 먼저 스스로에게 물어보면 된다. 당신은 왜 지적을 받기가 싫은가?

요즘 사람들은 '지적질', '꼰대질', '선비질'이라는 말을 쓴다. 습관적으로 그리고 함부로 타인을 지적하는 행위를 비난하는 말이다. 타인의 말과 행동을 평가하는 건 신중을 거듭해야 하는 일이다. "지적(指摘)을 아낄수록 지적(知的)인 사람이 된다" 하는 말도 있다.

그리고 "경위서를 써라", "시말서를 가져와라" 하면서 팀장이 회사 차원의 징벌을 약한 것으로 대체해줬다는 듯 말하는 팀장들이 있는데 이는 아주 좋지 않다. 이때 시말서 혹은 경위서는 팀원들에게 일종의 '사적인 반성문'으로 받아들여지게 된다. 팀장이 시말서를 요구하는 순간, 팀원의 마음은 시말서까지 요구하는 사람에 대한 거부감으로 가득해질 것이다. '이렇게까지 모욕감을 줄 필요는 없지 않은가' 하는 생각에 분노하고 절망할 것이다. 팀원이 써 온 문서에서 반성의 기미가 보이지 않는다며 수정까지 시키는 팀장은 더 이상 관계를 회복할 수 없을 거라는 점을 감수해야 한다.

지적인 팀장이 책임을 묻는 법

그럼 어떻게 하는 게 팀장의 올바른 말일까? 팀원이 실수를 했다면 그 실수를 예방하기 위해 새롭게 내려지는 결정들의 무게를 감당하게 하자. 책임지는 방법을 가르치는 것이다. 이렇게 말하면 된다. "보고서 세부사항의 정확도가 높아져야겠습니다. 더블체크가 필요하겠네요. 정 과장님, 다른 일도 많은데 어쩌죠. 앞으로 이 대리가 보고서 작성할 때 검수를 맡아주셔야겠습니다. 이 대리는 보고서 작성하면 정 과장님에게 일단 제출하고 피드백 받도록 하세요."

자신의 실수 때문에 조직의 프로세스가 수정되고 다른 팀원의 시간과 에너지가 소비된다는 사실로부터, 그 실수의 장본인은 팀장과 다른 팀원들에게 죄책감과 부끄러움을 충분히 느낄 것이다. 그리고 다시는 같은 실수를 하지 않기 위해 자발적으로 애쓸 것이 분명하다. 이런 대처를 통해 팀장은 팀원에게 분명히 책임을 물었고, 책임지는 방법을 가르쳤고, 팀에 보다 높은 소속감을 느끼도록 만들었고, 그가 실수를 반복하지 않을 의지를 갖게 했으며, 같은 실수가 혹시 반복되더라도 문제가 발생하지 않도록 예방할 구조도 만들어 두었다. 팀원의 실수를 직설적으로 질책한 팀장이 얻을 수 있는 것보다 훨씬 많이 얻었다. 이렇게 하면 팀원의 실수 이후에도 팀의 커뮤니케이션 활력은 낮아지지 않는다.

책임지는 법을 가르치는 팀장의 말은 팀원을 성장시킨다. 재수 없이 '지적질'을 당했다고 속으로 감정을 쌓아둔 팀원과, 팀장이 자신을 존중하고 성장시키는 건강한 긴장을 주는 고마운 사람이라는 마음을 품고 있는 팀원 중에서 당신은 누구와 당장 내일의 업무를 도모할 것인가? 그리고 둘 중에서 누가 당신의 팀에서 일하고 싶다고 말할 것 같은가?

조직을 수평적으로 관리하는
팀장의 말투

조직문화는 조직을 이루는 수많은 요소들에 의해 영향을 받는다. 그중 핵심요인은 팀장의 철학이다. 건강한 조직문화를 만들어감에 있어 팀장의 영향력은 절대적이기 때문에 팀장은 자신의 역할에 선한 책임감을 품고 항상 고민해야 한다.

소통 중심의 조직문화를 책임지는 건 다름 아닌 팀장의 말투다. 소통의 완성은 '완전한 합의'여야 하고 소통의 결과물은 반드시 '완전하고 공정한 실행'으로 옮겨가야 한다. 이것만큼 중요한 소통의 원칙은 없다. 이것은 팀장이 팀원과의 소통에서 그 무엇보다도 중요하게 여겨야 하는 소통의 원칙이다.

이 원칙이 지켜지지 않으면 일단 팀원과 팀장 사이에 불통의 문제가 발생한다. 팀원이 문제를 공유했을 때 그 문제에 대한 해결방법을 찾는 일이 그 팀원의 업무로 돌아왔다는 불만도 사실 흔하다. 중견기업에서 팀원으로 근무하고 있는 누군가가 자신의 SNS에 이런 글을 올렸다.

> "일이 자꾸만 쌓여 갔다. 이상했다. 왜 나만 일이 많아지는 것일까. 팀장님에게 물어봤다. '저에게만 일이 산더미 같이 쌓여요.' 대답은 이랬다. '문제를 입 밖에 내는 순간 그게 문제가 되는 거야. 그리고 그게 일이 되는 거죠. 그러니 앞으로 문제가 생겨도 그냥 대충 숨겨둬요.' 우리 팀장님 말씀이다. 도대체 이해가 되질 않는다."

당신도 팀원 시절에 팀의 문제를 말했다가 그 문제해결의 짐을 지게 된 경험을 갖고 있을 것이다. '왜냐고 묻지 않을 용기'를 갖는 게 미덕이던 때가 있었다. 당신도 어지간해서는 문제제기를 하지 않는 팀원이 돼 본 적이 있을 것이다.

'요즘 팀원들'이 가지고 있는 특별한 에너지

요즘 팀원들은 다르다. 요즘 팀원은 문제를 발견하면 말할 줄 안다. 이전 세대가 문제를 발견해도 숨기려 들었던 것과는 딴판이다. '문제가 생겼는데 말을 하지 말라고? 그럼 문제를 그대로 방치한단 말이야?'라고 생각한다. 조직에 있어서도 그렇다. 조직 공동의 문제를 발견했을 때 그것을 해결하려고 한다. 불합리한 것을 참시 못하는 젊은 세대 특유의 자세다. 나는 이들의 생각을 지지한다. 그들의 이런 솔직함이 팀으로 하여금, 조직으로 하여금 문제를 일찍 발견하고 제때 해결할 수 있게 해주는 발판이자 지름길이기 때문이다.

만약 어떤 팀원도 문제제기를 하고 있지 않다면 그 팀의 문화는 건강하지 못한 상황이다. 말을 한 사람이 그 책임까지 짊어지고 가게 하는 조직은 폐쇄적 조직문화를 스스로 조장하는 셈이다. 그 조직은 과연 지속가능할까.

팀원이 조직의 문제점을 발견해냈다면 이제 팀장이 나설 차례다. 팀장은 제기된 문제를 팀 혹은 회사라는 조직 차원에서 고민하여 문제를 새롭게 재정의하고 그 문제를 해결하기에 알맞은 담당자들의 조합을 꾸려야 한다.

그런 말들을 많이 한다. 요즘 팀원들은 조직에 대한 충성도가 약하다고 말이다. 하지만 나는 그렇게 생각하지 않는다. 그들은 오히려 조직에 대한 충성도가 이전 세대보다 강하다. 과거에 조직에 대한 충성은 다소 무의미하고 맹목적이었던 것 같다. 위계질서 같은 조직의 겉모습 그 자체, 혹은 조직이 아닌 특정 사람에 대한 군대식 충성만을 충성이라 불렀다.

요즘 팀원들은 다르다. '진짜 충성'이 무엇인지 알고 있다. 그들은 조직의 불합리한 점을 발견해내고 그것을 해결하자고 안건으로 올린다. 일찍 출근하는 것 혹은 개인적인 약속을 취소하고 상사와 밥 먹어주는 것을 충성이라고 생각했던 이전 세대와는 규모가 다른 충성이다. 그들은 자신이 속한 조직의 문제를 언어화하여 문제화하고 개선안을 고민한 뒤, 결국 자신이 기여한 것에 따른 보상은 제대로 받는 것을 조직에 대한 진정한 충성이라 여긴다. 그들의 상식을 반박하기는 어려울 것이다.

수평적 커뮤니케이션이라는 백신

그러니 팀장인 당신은 팀원들로부터 듣고 싶은 말을 듣지 못했다고 서러워하지 마라. 사실 듣고 싶은 말을 듣는 것만큼 시간낭비도 없다. 오히려 그동안 듣지 못했던 말을 팀원으로부터 들을 때 '우리 팀과 조직이 문제를 미리 고쳐나갈 기회가 왔구나!'라고 생각하고 정당하게 대처해야 한다. 하지만 안타깝게도 현재 수많은 기업에서 솔직한 팀원들은 몇 번의 실패 끝에 입을 다문 채 팀장과 이렇게 대화하고 있다. 답답한 일이다.

> 팀장: 왜 이렇게 된 것 같아요?
>
> 팀원: ….
>
> 팀장: 말해 보라고요. 이럴 것 같아서 점검표를 만들어 보
> 라고 한 것 아니에요.
>
> 팀원: ….
>
> 팀장: 할 말 없죠? 팀장이 하는 말을 흘려들어서 결국 이렇
> 게 된 거잖아요.
>
> 팀원: ….

팀장이 이 대화로부터 얻는 건 대체 무엇일까. 우월감인가
자신감인가 속 시원함인가? 제대로 말할 줄 아는 팀장은 저
런 말을 자신의 팀원에게 던질 게 아니라 팀원으로부터 자신
이 저런 말을 들을 수 있어야 한다. "왜 팀장님은 이렇게 생각
하시는 거예요?", "말해 보세요. 제가 이럴 것 같아서 팀장님께
점검표가 필요한 거냐고 물어봤잖아요", "팀장님이 제 말을 흘
려들어서 결국 이렇게 된 거잖아요." 이것이 수평적 커뮤니케
이션이다. 수평적 커뮤니케이션이 가져다주는 솔직한 소통은
위기상황을 예방해주고 실제 위기상황이 닥쳐왔을 때 팀장을,
팀을, 조직을 살린다.

한 중소기업의 대표는 이렇게 말했다. "직원의 행동이 제 생각으로 도저히 용납되지 않을 때라도 다시 한번 마음을 고쳐먹고 서로 이해할 수 있을 때까지 쫓아다니면서 묻고 또 물으며 대화를 시도했어요." 이런 팀장에게라면 아무리 냉소적이고 무기력한 팀원도 자신이 인식하고 있는 문제를 솔직하게 모두 터놓고 이야기할 수밖에 없을 것이다.

자, 그럼 팀장이 스스로에게 던져야 하는 질문이자 질책은 이것 하나다. "팀원의 솔직함을 제대로 감당할 것인가?" 이에 흔쾌히 "그러자!"라고 대답할 수 있도록 마음의 준비를 제대로 하고 의지를 다지자. 팀장인 당신만 제대로 준비되면 수평적 커뮤니케이션이 가져다주는 솔직한 논의가 팀의 문제예방, 문제해결 역량을 극대화시킬 것이라는 점을 잊지 말자.

팀장이라면 기꺼이
여러 번 설명하고 제안하라

책임이란 단어는 '긍정적인 실패'와 연관되어 있다. 여기서 '실패'에 대해 잠시 생각해 볼 필요가 있다.

미국의 한 벤처 투자자는 "실리콘밸리에서 실패한 경험이 없었다는 것은 충분히 용감하지 않았다는 말과 같다"라고 말했다. 실패를 용감함의 결과로 인식하는 그의 마인드가 멋지다. 팀도 마찬가지다.

"어차피 안 된 일인데 생각하면 뭐하나요", "어차피 안 될 일인데 해서 뭐해요?"라며 팀원들이 일종의 무기력에 빠져 있다면 그 팀의 앞날은 어둡다. 당신이 아무리 훌륭한 팀장이더라도 언제나 성공적일 수는 없다. 그러니 실패를 다룰 줄 아는 팀장이 되어야 한다. 팀의 도전과 실패, 그리고 팀원 개개인의 도전과 실패 모두를 발전적으로 다룰 줄 알아야 팀장이다.

도전과 실패를 제대로 받아들여야 하는 이유

팀원들이 적극적으로 도전하고, 실패에 대해 용감하게 말할 수 있게 만들어줘라. 그리고 어떤 실패에든 매몰되지 않고 거기에서 벗어나 그 일을 냉정하게 학습 사례로 인식할 수 있게 만들어줘라. 그래야 당장 지금의 팀 에너지가 극대화되고, 미래의 문제해결 역량이 극대화된다.

팀원이 실패경험을 긍정적으로 받아들이게 하려면 팀장의 책임 있는 말과 행동이 우선되어야 한다. 팀원의 실수에도 팀 의사결정의 최종책임자인 팀장이 먼저 나서서 책임지는 모습을 보여주면 팀원은 팀장을 더욱 신뢰한다. 그리고 그에 따라 대화의 양이 늘어난다.

만약 팀원들이 "~때문에 안 됩니다", "불가능합니다", "왜 해야 하나요?"라고 말하는 것에 익숙해져 있는 상황이라면 팀원의 태도를 지적할 게 아니다. 팀장으로서 어떤 물리적, 심리적, 문화적 환경을 마련해주어야 하는지를 고민하고 바꿔주어야 한다.

이쯤에서 잠시 점검해 보자. 당신의 팀원들은 난제에 부딪혔을 때 아래의 두 가지 중 어떤 쪽에 가까운 모습을 보이나?

[A]

"꼭 성과를 내겠습니다."

"그건 반드시 됩니다."

"제가 해 보겠습니다."

"일단 해 보는 게 어떨까요?"

[B]

"에이, 안 될 것 같은데요."

"그게 과연 될까요?"

"잘 모르겠는데요."

"실패하면 큰 리스크가 따를 것 같습니다."

"제가 하기에는 어려울 것 같습니다."

"글쎄요, 잘 모르겠습니다."

당신의 팀원들은 B보다는 A에 가깝길 바란다. 팀장, 팀원 모두가 자신이 책임을 져 보겠다는 자세로 각자의 포부를 긍정적이고 당당하게 말하는 팀은 미래 가능성이 높은 팀이다. 아직 B에 가까운 상황이라면 팀장인 당신은 아직 할 일이 많다.

후츠파 문화를 구축하라

이스라엘을 강한 나라로 만들게 한 정신 중 하나로 '후츠파 (Chutzpah)'란 말이 있는데 이는 히브리어로 '뻔뻔함, 대담함' 을 뜻하며 실패를 두려워하지 않는 이스라엘의 창업정신을 일 컫는 말이라 한다.

열린 마음으로 팀원을 받아들이는 팀장이 있어야 적극적 으로 자신의 의견을 말할 줄 아는 팀원으로 가득한, 후츠파의 문화가 흐르는 팀을 구축할 수 있다. 팀장은 팀원들이 당당하 게 자신의 실패를 고백하고 공유하며 그에 대한 솔직한 생각 을 표현할 수 있는 문화적 환경을 구축해주어야 한다.

그동안 팀의 실패, 팀원의 실패에 대해 당신이 어떤 말투 로 어떤 말을 했는지를 돌이켜 보자. 팀장이 팀원들의 머릿속 에 그 도전과 실패가 어떤 생각과 감정으로 자리 잡고 있는지 를 상세히 들어 보겠다는 의지를 가지고 적극적으로 유도했던 적이 없다면 깊이 반성하자. 당신은 팀의 문제해결 역량을 갉 아먹어 왔다.

팀원들이 실패를 딛고 나아가려면 자신이 업무에 관한 나 쁜 소식을 듣고 오더라도 팀장으로부터 그 어떤 보복을 당하 지 않을 것이라는 확실한 심리적 안전감이 필요하다. 실패를 금기시하고 그로 인해 도전도 막는 게 아니라 팀원들의 도전과 실패에 대한 확실한 심리적 안전을 제공해주고 점검해주는 것. 그것이 팀장이 팀의 문제해결 역량을 높이는 길이다.

그렇게 하지 않은 채로, 자신의 팀원들이 실수를 자주 하는데 제대로 해결할 생각도 없이 내내 주눅 들어 있을 뿐이라고 습관적으로 투덜대기만 한다면 어떨까? 그런 팀은 미래 가능성을 논할 가치조차 없는 팀이 된다. 팀장 자신이 프로 팀장이 아님을 스스로 만방에 고백하고 다니니 말이다.

동물생태학자로 유명한 최재천 교수는 "동물세계에서 소통이란 원래 잘 안 되는 게 정상"이라고 하면서 "소통이란 소통을 원하는 자가 소통의 목적을 이루기 위해 일방적으로 끊임없이 노력해야 하는 것"이라고 했다. 소통이 안 된다고 하소연을 일삼는 사람은 소통의 근본을 모르는 사람이라는 말이 된다.

이를 팀의 소통에 대입해 보자. 팀의 실패, 팀원들의 실패를 직면한 당신은 어떤 소통의 목적을 가지고 있나? 당신이 갖고 있는 그 목적을 달성하고자 한다면 당신은 팀원들과 수차례 대화해야 한다. 그리고 그들에게 기꺼이 여러 번 설명하고 제안하며, 그들을 독려하는 것이 팀장인 당신이 해야 할 중요한 일 중 하나라는 걸 제대로 인식해야 한다.

6장

임원 후보로 손꼽히는
팀장의 말
사용법

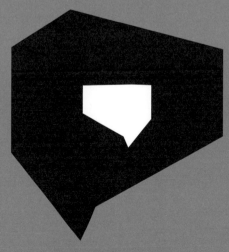

How the team leader speaks

회사가 판돈을 몰아주는
팀장의 말투

대기업에 근무하고 있는 직장생활 13년차의 김 과장. 그는 작년 연말 인사이동에서 팀장으로 보임받는 데 실패했다. 최근 몇 년간 성과는 최상위권이었다. 업무상 특별한 실수도 없었다. 동료들과의 관계도 그리 나쁘지 않았다. 그럼에도 불구하고 팀장 보임을 받는 데 2년 연속 낙방했다. '사람을 대체 어떻게 보고 이러는 거지? 그만두라는 건가?' 분노가 치밀었다. 보직 발표 다음 날, 위로주를 사주겠다는 동료들에게 이끌려 술자리에 나갔다. 자리에 나가 보니 몇몇 간부들이 이미 술을 마시고 있었다. 술이 몇 잔 돌자 그는 화가 나고 속상한 마음을 털어놓기로 했다. 보임을 책임지는 실장님에게 소주잔을 들고 찾아갔다. 몇 잔을 거푸 입에 털어 넣고는 물어봤다. "실장님, 제가 잘못한 게 뭡니까?" 김 과장의 다소 공격적인 질문을 마주한 실장은 생각에 잠기는 듯했다. 그는 한참 후에 입을 열었다.

"김 과장이 잘못한 거? 전혀 없었죠. 그런데 이걸 생각하셔야 할 겁니다. 잘한 것도 별로 없었다는 거요. 상사들이 김 과장을 보면 물음표를 떠올린다는 걸 알고 있었는지 모르겠네요. 실적도 좋고 잠재력도 있어 보였지만 거기까지였다는 말입니다. 팀장이 되고 싶다거나 어떤 팀장이 되고 싶다는 뜻을 나나 다른 부서의 팀장들에게 한 번이라도 보여준 적이 있었습니까? 그냥 '일만 잘하는 친구' 딱 그 정도였습니다. 조직에서 성공하고 싶고 임원이 되고 싶다는 마음이 있으면 그 욕심을 좀 보여줬어야죠."

실장의 말은 계속됐다.

"'저에게 맡겨 주십시오. 팀장이 되면 잘할 자신 있습니다' 라는 말, 평소에도 할 수 있어야 합니다. 자기가 가지고 있는 꿈에 대해 늘 회사와 커뮤니케이션할 줄 알아야 한다는 말입니다. 이해하셨나요?"

김 과장의 실수는 리더가 되겠다는 의지를 밖으로 드러내는 일에 서툴렀다는 것, 바로 그것이었다. '실적 좋고 별다른 실수만 하지 않으면 회사가 알아서 팀장도 시켜주고, 임원도 시켜주겠지'라는 생각 속에서 살고 있었던 것이다. 하지만 그의 생각은 착각이었다.

이 이야기는 팀장이 되고 싶어 하는 팀원들에게만 유익한 이야기일까? 아니다. 지금 팀장 자리에 있는 당신에게는 더욱 중요하다. 당신이 언제 팀장이 되었든 지금 막 진검승부가 시작되었으니 말이다.

상사를 고민하게 만드는 인물이 돼라

'나는 이 회사에서 성장하고 싶다'라는 것을 말로 표현하라. 이는 성장하고 싶은 팀장이 꼭 갖춰야 하는 정치적 언어다. 리더의 길에 들어선 팀장에게 반드시 필요한 습관이다. 이런 의사를 드러내지 않으면 회사는 당신을 그저 일만 묵묵히 잘하는 '성실맨'으로 보고 더 이상의 관심을 두지 않는다. 그리고 당신을 더 높은 위치의 리더, 임원 이상으로 중용하기를 주저한다. 회사가 주저할 여지를 당신 스스로가 제공한다는 말이다. 임원 자리에 10년 이상 있었던, 말 그대로 '임원이 직업'인

대기업의 한 간부가 이렇게 말하는 것을 들었다.

"윗사람이 나 때문에 고민하도록 만들어야 해요. 상사가
나를 보면서 고민하는 데 시간을 할애하도록 해야 한다는
말입니다. '저 사람 볼수록 괜찮은데 어떻게 밀어줄 수 있
을까?' 하는 고민을 하게 만들지는 못할망정 '저 사람, 뭐
지?'라고 물음표나 붙게 만들면 그 사람의 직장생활은 실
패할 가능성이 높아집니다. 회사는 생각보다 의심이 많습
니다. 의심받는 사람이 되어선 곤란하겠죠. 확신을 주지
는 못할망정 말입니다."

다른 건 몰라도 "당신의 상사가 당신 때문에 고민을 하게
하라!"라는 말은 꼭 기억하기 바란다. 상사를 보고 도망가는
사람, 조직에서 나의 꿈은 무엇이라고 말하지 못하는 사람, 회
사에서 자신의 존재를 부각시키지 못하는 사람은 조직에서 존
재하지 않는 것과 다름없다. 팀의 리더로서 팀장이 꼭 갖춰야
하는 것은 팀장 자리를 지키는 정치적 언어라는 점을 절대 잊
지 말자. 누군가를 짓밟기 위한 지저분한 사내정치는 퇴출대
상이 분명하지만 '자신의 꿈과 능력을 제대로 보여주기 위한'
건강한 정치는 권장대상이다.
    대다수의 팀장들이 빠지는 흔한 착각이 있다. 바로 '일을

열심히 하고 성실하게 생활하면 언젠가는 인정을 받겠지'라는 막연한 생각이다. 이는 남들이 안 보는 곳에서 묵묵히 일만 하면 회사가 알아서 인정해주고 결국에는 볕 들 날이 온다는 느긋한 마음가짐일 뿐이다. 세상에 이런 착각이 없다. 내 몫을 내가 챙기지 않는데 조직이 알아서 챙겨주는 일은 이 세상에 없다. 대기업과 같이 수천, 수만 명이나 되는 사람 속에 당신이 묻혀 있다면 더더욱 그렇다. 그 많은 사람들 속에서 성실함 하나만으로 승부를 걸겠다고 다짐하는 건 그냥 없는 듯 숨어 지내겠다는 말과 동의어다.

건강한 정치적 언어 사용법

성장은 성장하고 싶은 욕구에서 비롯된다. 행위가 결부되어야 욕구가 충족된다. 성장하고자 하는 욕구에는 '자기 PR'이라는 행위가 연결되어야 한다. 당신이 지금 일도 열심히 하고 실력도 있는, 조직에 충성하는 팀장이라고 스스로 생각하고 있음에도 불구하고 뭔가 제대로 평가받고 있지 못하다는 아쉬움을 가지고 있다면 정치적 언어에 관심을 가져야 한다. 자, 어떻게 할 것인가. 건강한 정치적 언어 사용법은 다음과 같다.

1단계: 회사에서 속된 말로 '잘 나가는' 인물이 누군지
파악한다.
2단계: 그와 나 사이의 긴밀도를 따진다.
3단계: 내가 회사에서 이루고자 하는 목표(꿈)를 정리
한다.
4단계: 나의 꿈을 이루는 데 그가 도와줄 수 있는 점이
무엇인지 그 내용과 범위를 생각한다.
5단계: 그에게 찾아가 도와달라고 진심으로 부탁한다.

정치적 언어 사용법은 쉬운 듯 보이지만 사실 쉽지 않다.
하지만 팀장인 당신은 이를 꼭 제대로 활용해서 최고의 핵심
인재 자리를 거머쥐길 바란다. 회사 안팎에서 잘 나간다고 인
정받는 한 기업의 임원이 "대들고 일 저지르는 사람에게 할애
해줄 시간과 몫은 있지만 우물쭈물 망설이고 눈치 보는 사람
에게는 아무것도 챙겨주지 않는다"라고 말하던 것을 기억한
다. 기억해둘 만한 얘기다.

이제까지의 이야기를 보자. 팀장인 당신, 어떤 말을 꼭 해
야 할까? 조직이 당신을 보고 '될성부른 사람', 혹은 '밀어주고

싶은 사람'이라는 생각을 가지게 만드는 그런 말을 하자. 이런 말이 당신의 잠재력을 실현시켜준다. 목소리를 내지 않으면 보이지도 않는다.

팀장이라면 이미 리더의 길에 들어섰다. 그러니 기억해야 한다. 팀장인 당신 자신을 지키는 일은 당신을 지키는 일을 넘어 팀을 지키는 일이고 팀원을 지키는 일이다. 운명의 여신은 강자에게 호의적이라는 말이 있지 않은가. 운명의 여신을 확실한 내 편으로 만들어두자. 가만히 있는 건 태만이다. 당신이 직접 나서서 조직이 당신에게 판돈을 걸게 하자.

팀장이 보고를 할 때
절대 해서는 안 되는 말은?

나는 한때 사내강사로 활동했다. 그룹사의 최고 인재들과 고객가치, 최고의 상품, 혁신 등에 대해 이야기를 나눈 건 행복한 경험이었다. 그들 대부분은 직장생활 10년 전후의 친구들이었으니 곧 팀장에 이를 인재들이었다. 유능하다는 그들과 이야기를 나누며 회사생활의 다양한 부분에 대한 그들의 생각을 접했는데 새롭게 입사하는 후배 팀원에 대한 아쉬움에는 꼭 말에 대한 부분이 들어 있었다. "아직도 학생처럼 말하는 후배가 있어요. 이제는 조금 더 직장인다웠으면 하는데."

그들이 말하는 '학생처럼 말하는' 말투의 사례를 들어 보면 사실 별것 아닌 사소한 것이 대부분이었다. 그럼에도 불구하고 그 말들은 듣는 사람에게 사소하지 않은 문제로 받아들여지고 있었다.

조직의 잘나가는 리더들을 인터뷰하면서 알게 되었는데 조직 구성원들이 특히 조심해야 할 말들이 있다. 그중 몇 개를 살펴보기로 하자. 이는 신입사원에게만 유용한 내용은 아니라고 생각한다. 팀장인 당신도 한번 스스로를 점검해 보면 좋을 것이다.

다음 말에서 잘못된 세 부분을 고르고 그 이유가 무엇일지 생각해 보자. "배운다는 자세로 노력한다면, 솔직히 말씀드리면 아마 10억쯤은 가능할 것 같습니다."

1. "배운다는 자세로"

"배운다는 자세로 최선을 다하겠습니다." 우리는 사실 이런 말을 많이 했다. 사회 초년생 때. 하지만 지금 되돌아보니 조심해야 할 말이었다. 이를 알게 된 계기가 있다. 어느 날, 내로라하는 대기업에서 인사팀장으로 일하는 친구가 넋두리하듯 말했다.

"신입사원에게 자기소개를 하라고 하면 어떻게 말하는지 알아? '처음 시작해서 모든 것이 어설프지만 배운다는 자세로 열심히 하겠습니다.' 백이면 백 다 똑같이 말을 해. 회사가 무슨 학교야? 전쟁터잖아. 이런 곳에서 배우긴 뭘 배운다고. 배운다는 자세는 여유가 늘어진 아주 방만한 자세지. 솔직히 '저, 체력 하나는 끝내줍니다. 맡겨주시면 제대로 할 자신이 있습니다' 하는 친구기 니티니면 두말 않고 뽑겠어. 경력사원도 다르지 않더라. 직장생활 10년 넘게 했다는 사람이 배우는 자세로 일하겠다고 하더라고."

사실 신입이나 경력 사원으로 입사하려고 하는 사람이 입사하길 희망하는 회사의 홈페이지를 뒤적여서 홈페이지에서 찾은 회사의 인재상이나 좀 달달 외우고 회사 이름 검색결과로 나온 기업정보 몇 개를 숙지하고서 입사준비를 마쳤다고 안심하고 있다면 그는 '도둑놈'에 가깝다. 사실 그렇지 않은가. 회사가 한 명의 인재를 뽑기 위해 얼마나 많은 비용을 들여 노력을 기울이고 있느냐 말이다. 그런 회사를 향해 "배운다는 자세로 근무하겠다" 하면서 들이대면 듣는 회사는 기분이 어떻겠나. 결과는 어떻겠나.

회사는 뭘 배우러 다니는 곳이 아니다. 직무를 가르쳐주는 학원이 아니다. 회사는 배우겠다는 다짐에 민감하다. 아주 냉소적이다. 그러니 배우겠다는 다짐을 말로 표현했다면 이는 아주 잘못 말한 것이다. 그럼 무엇을 말해야 하나? 회사를 위해 무엇을 할 것인지에 대해 말해야 한다. 이런 말을 회사가 팀장으로부터 듣게 된다면 어떨지 생각해 보자. 신임팀장이라는 사람이 "배우는 자세로 팀장을 하겠다"라고 말한다면 듣는 상대방은 어떤 생각이 들까? 상대방이 임원이든 팀원이든 크게 실망할 것이다. 그리고 걱정이 앞설 것이다. 임원으로부터는 불호령이 떨어질 것이다.

2. "솔직히 말씀드리면"

솔직함은 바람직한 덕목이다. 하지만 "솔직히"라는 말은 바람직한 말이 아니다. 몇 년 전에 내가 본 사례를 하나 소개한다. 프로젝트가 마무리되어 한 팀장이 결과를 보고하는 자리였다. 임원들의 질문 공세가 이어지던 중 한 임원이 그에게 물었다. "리스크(위험요소)가 없다고 했는데 확실합니까?" 팀장은 잠시 머뭇거리다가 조심스럽게 말문을 열었다. "이사님, 솔직히 말씀드리면 위험요소가 있긴 합니다." 그러자 회의실이 쩌렁거리도록 큰 목소리가 귀청을 때렸다.

"뭐라고요? '솔직히'라니 지금 무슨 말인가요? 그럼 이제까지 나는 무슨 말을 듣고 있었던 겁니까? 이제까지 당신의 말은 모두 거짓말이었나요? 어제까지 보고 받은 프로젝트 준비 과정과 진행 내용 모두 거짓말이란 말입니까? '솔직히'라는 모호한 말로 우리 전부를 위험에 빠뜨리지 마세요. 변명을 해야 할 필요가 있다면 변명하겠다고 솔직히 말하고 시작하라는 겁니다."

자신의 조심스럽고 진실된 태도를 임원들이 이해해주기를 바랐기 때문에 '솔직히'라는 표현을 사용했을 것이다. 하지만 이는 잘못된 기대다. 공식적인 업무보고회에서 '솔직히'라는 단어는 그간 자신이 했던 모든 말과, 그 자리 자체에 대해 상대방이 가지고 있던 신뢰 전부를 스스로 무너뜨리는 말이다. '솔직히'라는 단어가 말하는 이를 솔직하지 못했던 이로 만드는 셈이다. 별거 아닌 말 같지만 절대 그렇지 않다.

팀장으로서 팀원에게 말할 때든 윗사람에게 말할 때든 "솔직히 말해서"라는 표현은 어떤 경우에도 절대 사용하지 않길 바란다.

3. "아마 그럴 것 같습니다"

이 말과 유사한 말들이 더 있다. "두고 봐야 합니다", "기다려야죠. 지금 제가 할 일은 없어서요", "거의 성공한 것으로 보입니다." 이 말 모두는 조직의 언어로서 자격이 없다. 일종의 '조직 내 금기어'다. 다음 두 가지 말을 비교해 보라.

[A]

"경쟁사의 저가공세가 문제가 되고 있는 것 같습니다. 조사를 해 봐야 알겠지만 좀 더 두고 봐야 할 것 같습니다. 어쨌거나 수주는 거의 성공한 것으로 느껴지는데요. 성공하면 10억 정도의 매출이 예상됩니다. 영업이익률은 아마 10퍼센트쯤 될 것 같습니다."

[B]

"경쟁사의 저가공세가 문제입니다. 조사를 통해 파악한 바로는 우리 회사가 제안하는 단가 기준 97퍼센트 수준에서 제안된 것으로 추측됩니다. 우리가 성공하면 10.8억의 매출과 12.8%의 영업이익률이 기대됩니다."

A는 조직의 언어가 아니다. 제대로 된 조직의 언어는 B다. 혹시 지금까지 습관적으로 별생각 없이 '거의', '대략', '쯤'이라는 단어를 사용해 왔다면 지금부터는 절대적으로 조심하도록 하자. 숫자에 대해서는 특히 조심해서 정확하게 말해야 한다.

가급적 소수점 첫째 자리까지는 정확하게 말할 수 있도록 중요 숫자들을 기억해 두도록 하자.

회사는 당신의 말 하나로 이후의 결정을 내리기도 하고, 당신의 모든 것을 평가하기도 한다. 그것도 아주 냉정하고 단호하게 말이다. 그렇다면 '대략'이라는 단어 하나로 당신의 이미지를 추락시키는 건 자학에 가까운 일이 아닐 수 없다.

에이스 팀장이
숫자를 말하는 기술

직장생활을 하다 보면 '별거 아닌 거 갖고 되게 그러네', '쫀쫀 하게 뭘 이렇게까지 하는 거야?', '크게 보면 별일도 아닌데' 하는 생각이 드는 경우가 있다. 별일도 아닌데 상사들이 펄펄 뛰는 걸 보면 '일단 넘어가도 될 일 같은데 왜 저러지?' 하며 의아하게 여겨지는 경우도 있다.

회사는 왜 별것 아닌 작은 일에 대해서까지 이리도 피곤하 게 직원들을 닦달해대는 걸까. 이유는 간단하다. 어떤 회사든 기본적으로 회사란 '별거 아닌 작은 것을 잘 만들려는 노력'에 서 시작되었기 때문이다.

팀장은 섬세해야 한다

지금은 돌아가신 구자경 LG그룹 명예회장에 관한 얘기다. 이 분은 25세 때부터 현장근로자들과 함께 먹고 자며 혹독한 경영수업을 받았다. 이 과정에서 그의 아버지인 LG그룹 구인회 창업주에게 다음과 같은 말을 끝도 없이 들었다고 한다. "대장장이는 하찮은 호미 한 자루 만드는 데도 수백 번의 담금질을 되풀이해 무쇠를 단련한다." 대한민국을 대표하는 기업인 LG그룹의 시작은 특별한 무엇이 아니라 작은 호미 한 자루였다고 해도 과언이 아닌 듯하다. 대기업도 씨앗은 '호미 한 자루 DNA'였다는 점을 팀장이라면 곰곰이 새겨 보아야 한다.

당신은 대장장이로서 호미 한 자루를 어떻게 만들어나가고 있나? '내가 그렇게 사소한 데까지 간섭하고 신경 쓰면 팀원들이 더 큰 것을 놓치지 않을까?' 혹은 '팀원 관리를 이렇게까지 해야 하나? 별거 아닌 건 대충 넘어가는 게 팀장으로서 대범해 보이지 않을까?' 같은 생각으로 자신의 섬세하지 못함을 합리화하고 있지는 않은지 되돌아보자.

팀원은 자신에게 부여된 목표만 바라보면 된다. 그 이상의 관점, 조직 전체의 관점을 가지고 고민하는 것은 팀장의 역할이다. 이것이 바로 팀에 팀장이 필요한 이유다. 팀장은 조직이 작은 일에 민감하게 반응할 때 그 이유를 팀원들에게 설명할 수 있어야 한다. 다음 문제를 풀어 보면서 이에 대해 더 생각해 보도록 하자.

> Q. 공장 바닥에 나사 한 개가 떨어져 있다. 나뒹구는 이 나사 한 개의 가격은 얼마인가? 나사의 원가는 20원이다.
>
> ① 20원이다. 원가가 20원이기 때문이다.
> ② 20원 미만이다. 바닥에 떨어져버린 나사 한 개는 20원의 가치도 없다.
> ③ 정답 없음.

정답은 ③이다. 왜일까. 한 경영컨설턴트는 공장 바닥에 아무렇게나 떨어져 있는 나사를 바라보는 관점의 차이로부터 사장과 직원의 생각 차이를 설명했다. "사장은 '나사 한 개가 빠진 채로 제품이 회사 밖으로 나갔으니 일차적으로는 8,000원(제품 가격) 손해다'라고 생각합니다. 반면 직원은 '나사 한 개에 20원이니 20원 손해다'라고 생각합니다. 20원짜리 나사 한 개로 사장은 8,000원 손해를 걱정하고 직원은 20원 손해를 걱정합니다."

그렇다면 20원짜리 나사를 20원으로만 보면 평생 평범한 직원으로 살게 된다는 결론을 내려 보면 어떤가. 무서운 일이 아닐 수 없다. 팀장인 당신에게 다시 한번 물어보고 싶다. 중간관리자이자 팀의 리더인 당신은 바닥에 나뒹구는 나사 하나의 가격을 얼마로 보았는가. 팀원이라면 상관없다. 하지만 당신처럼 팀장이라면 나사 하나가 초래할 수 있는 비용의 크기를 당장 일차적으로는 8,000원, 여기에 AS 비용이나 불량제품이 초래할 수 있는 손해배상 문제, 브랜드 이미지 훼손까지 생각해 100,000원, 100,000,000원으로 볼 수 있어야 한다. 자신의 가치를 세일즈하는 팀장이 되기 위해서는 회사의 작은 일 하나도 그에 합당한 숫자로 치환해서 생각하고 판단하는 능력을 길러야 한다.

숫자를 가지고 제대로 말하는 기술

잘나가는 리더들은 숫자를 정확하게 기억한다. 내가 개인적으로 존경했던 한 선배 임원이 이렇게 말했다. "팀장은 숫자에 대해 민감해야 돼. 25억 2,300만, 25억 2,000만도 아니고 25억쯤이라고 말하는 사람들이 있어. 리더의 말투가 이래선 안 돼. 소수점 첫째 자리까지는 정확하게 말할 수 있어야 하지. 숫자의 오류에 대한 변명은 '이해'의 대상은 되겠지만 '용서'의 대상이 되진 않아." 숫자의 힘을 알게 된 사람들은 숫자를 절실하게 조사하고 확실하게 기억한다. 팀의 업무와 관련된 숫자들을 정확하게 파악하는 건 팀장의 의무다. 그리고 그 숫자를 정확하게 기억하는 건 그 업무와 관련된 팀장의 능력과 진실성을 파악하는 증거로 여겨지기도 한다. 정확한 수치를 파악하는 팀장에게는 팀원도, 임원들도 압도당하고야 만다. 그리고 압도당하는 그 순간에 그들은 팀장을 신뢰하기로 결정한다.

단위 중에서 퍼센트는 말할 때 특히 유의해서 표현해야 한다. 특히 단순 비중이 아니라 증가나 감소에 관해 이야기할 때는 증가분에 대해 말하는 것인지 증가된 결과값에 대해 말하는 것인지를 분명히 말로 표현해야 한다. 한 가지 예를 들어 보겠다. 매출이 100원에서 130원으로 늘었다고 해 보자. 이때 팀장이 말했다. "우리 팀의 올해 매출액이 전년도보다 130퍼센트 늘었습니다." 이는 틀린 표현이다. 그는 매출액이 증가된 정도를 부풀려 이야기한 꼴이 되고야 말았다. 130퍼센트 증가라는 건 어떤 의미일까? 올해 매출액의 크기가 아니라 증가분의 크기가 130퍼센트라는 이야기가 된다. 즉 올해 매출에서 전년도 매출을 뺀 액수가 전년도 매출액의 130퍼센트에 육박한다는 의미이니, 그렇다면 올해 매출액은 전년도 매출액의 2.3배, 즉 230퍼센트라는 얘기다. 이렇게 말했어야 옳다. "우리 팀의 올해 매출액이 전년도보다 30퍼센트 늘었습니다", "우리 팀의 올해 매출액은 전년도 대비 130퍼센트입니다." 물론 이를 단순한 말실수로 너그럽게 봐주는 사람도 있겠지만 팀장의 자리에 있는 사람이라면 이런 말실수는 절대 하면 안 된다. 잘못된 정보는, 특히 잘못된 숫자 정보는 그에 기인한 잘못된 판단들이 꼬리를 물고 이어져 큰 위험을 유발할 수 있기 때문이다.

숫자를 이용해 말을 끌어내는 기술도 팀장의 역량에 따라 다르다. 실제로 한 임원이 말해준 기술이 있다. 그가 말해준 것은 숫자를 하나의 중간다리로 삼아 하나의 문제를 다른 문제로 치환해내는 기술이었다. 그는 "OOO을 조사한 결과 얻어진 이 숫자는 △△△을 의미합니다" 하는 말투로 윗사람과 아랫사람 모두를 설득했다고 했다. 당신 주변에서도 숫자를 다루는 일종의 포장능력을 지닌 리더가 누구인지 생각해 보고 그가 숫자를 어떻게 해석하는지 분석해 그의 말투를 학습해 보자. 그리고 항상 숫자 계산 연습, 단위 공부를 병행하자. 숫자를 우습게 여기는 팀장은 조직과 팀원 누구로부터도 존중받지 못한다. 자신은 인지하지 못하고 있더라도 생각의 한계를 자주 드러내고 있을 것이다.

팀장의 말투가 중요하다는 이 책의 핵심에는 팀장이라면

'많은 말'을 해야 하는 게 아니라 '괜찮은 말을 잘해야 한다'는 전제가 놓여 있다. 초보적인 말실수가 잦은 사람이 팀장 자리에 있는 건 팀으로서도 불행한 일이라는 점을 기억하자. 숫자와 단위를 대수롭지 않게 여겨 왔다면 지금이라도 늦지 않았으니 학습하자.

자신을 다른 팀장들과 차별화하고자 한다면 정확한 숫자를 이용해 말하는 습관을 들이는 것을 시작점으로 삼아 보자. 숫자를 중요시하는 사람만이 조직의 중간관리자 자격이 있다고 평가받을 것이다. 실제로도 당신은 작은 숫자 하나도 정확하게 말할 줄 알게 된 후에야 비로소 스스로가 성과에 대한 계획을 제대로 세우고 여유로울 때와 돌파할 때를 분명히 판단하는 틀림없는 팀장이 되었음을 실감하게 될 것이다.

회사의 위기에 대해
말하는 법

"자리가 사람을 만든다"라는 말은 진리다. 누구든 팀장이 되면 조직에 대한 생각이 많아진다. 팀장은 회사의 중간관리자로서 조직을 번성하게 하고 발전시키는 역할이 맡겨진 사람이다.

그렇기 때문에 팀장이라면 임원 이상의 위치에 있는 분들과 대화를 나눌 일이 많아진다. 그 대화에 성실하게 응대하는 것은 팀장의 의무다. 상황에 따라 다르겠지만 팀장의 대화 기술 하나에 대해 이야기하고자 한다. 바로 '위기의식'을 어떻게 이야기할 것인지에 관한 기술이다.

개인적인 경험을 하나 말씀드려 보겠다. 오래전의 일이다. 임원이 주최한 회식 자리가 있었다. 술잔이 몇 바퀴 돌고 나니 임원이 내게 질문을 했다.

> 임원: 김 팀장. 우리 회사, 요즘 어떤 거 같습니까?
>
> 나　: 우리 회사, 정말 좋은 회사입니다. 누구나 다니고 싶어하는 회사 아닙니까?
>
> 임원: 아니, 그거 말고요. 우리 회사의 현재 그리고 미래에 대해 어떻게 생각하느냐는 말입니다.
>
> 나　: 1등 회사죠! 기술 경쟁력도 최고이고요. 이런 회사에 다니고 있다는 게 자랑스럽습니다.
>
> 임원: 아니, 그런 거 말고….

나는 그때 당시에는 그 임원이 왜 말끝을 흐린 건지 전혀 이해하지 못했었다. 그다음 날에야 뒤늦게 깨달았다. 그가 내게 듣고 싶었던 건 회사에 대한 대책 없는 긍정이나 애정의 말이 아니라 회사에 대해 내 자리에서 가지고 있는 진지하고 심각한 고민이었다.

적어도 이렇게 말했어야 했다. "우리 회사, 우리 조직에 자부심을 가지고 있지만 언제까지 우리 회사가 잘나갈 수 있을지, 우리 부서가 순항할 수 있을지 의문입니다. 경쟁사의 마케팅이 시장 현장에서 강하게 느껴집니다. 고객으로부터 조금씩 불만도 나오고 있습니다. 변화가 필요한 때라고 생각합니다."

임원과 대화할 줄 알아야 한다

제대로 베푸는 건 많이 주는 게 아니라 제때 주는 것이다. 누군가와의 대화에서도 마찬가지다. 많은 말, 듣기 좋은 말을 늘어놓을 게 아니라 제대로 된 한마디를 할 줄 알아야 한다.

팀장은 임원과 대화할 때 임원이 고민하고 있는 것이 무엇인지, 어떤 것에 불안감을 가지고 있는지를 파악하고 대화할 줄 알아야 한다. 당신과의 대화를 통해 임원이 위로받고 격려받을 수 있어야 한다. 삼성그룹 임직원 2,000명을 대상으로 한 설문조사 결과를 본 적이 있다. '조직 구성원의 위기의식'에 대한 조사 결과였다.

"왜 삼성이 위기의식을 가져야 하는가?"라는 질문에 44.5 퍼센트의 구성원은 "시장 변화 양상은 앞날을 예측할 수 없기 때문에"라고 답했고, 그다음 17.5퍼센트의 직원은 "세계 1위는 끊임없이 위협받는 자리이기 때문에"라고 했다. 삼성그룹에서도 위기의식의 필요성에 대해 이야기한다. 어떤 기업이든 각자의 위기를 헤쳐나가고 있다는 말이다. 팀장이 되었다면 이제 회사를 어떤 시선으로 바라볼 줄 알아야 할까?

회사는 늘 스트레스 상황에 처해 있다. 당연하다. 신자유주의 경제상황 속에서 위기는 일상화되었기 때문이다. 하루아침에도 수많은 기업이 몰락한다. 한때 휴대전화 시장에서 세계

1위를 놓치지 않던 노키아는 지금 어떻게 되었나. 노키아는 핀란드를 대표하는 세계 최우량 기업으로 핀란드 GDP의 상당 부분을 책임졌었다. 하지만 한순간에 몰락했다.

팀장은 회사의 미래에 대한 대화가 가능한 사람이어야 한다. 회사의 미래를 염려하고 어떻게 하면 위기를 직접 헤쳐나갈 수 있을지 회사의 위기를 자신의 위기로 이야기할 줄 아는 사람이 팀장 자리에 있기를 회사는 기대한다.

회사는 조직의 불안을 자신의 문제처럼 공감하는 사람에 무제한의 호감을 갖는다. 실제 사례도 있다. 김세호 쌍방울 대표이사가 있다. 그는 입사 18년 만에 사원에서 대표이사까지 초고속 승진해 '샐러리맨 신화'의 주인공으로 주목받았다. 그는 과연 어떻게 해서 성공신화를 이뤄냈을까. 위기에 대해 제대로 말할 줄 알았기 때문이다.

그는 "내가 경영진이라면?"이라는 주제로 열린 사내공모전에서 신랄한 비판과 직관적이고 현실성 있는 아이디어를 제안하며 우승을 차지해 경영진의 주목을 받았다. 그가 당시 말했던 주제는 한마디로 말해 "이대로 가다가는 정말 망한다!"였다. 차장 자리에 있던 그는 이 제안을 계기로 부사장으로 발탁되었고 다시 4개월 만에 대표이사에 오르는 초고속 승진을 했다. 팀장의 자리에서 더 높은 위치를 마음에 품고 있는 당신이라면 당신의 조직이 가지고 있는 위기의식의 정체가 무엇인지에 대해 더더욱 눈을 부릅떠야 한다는 것을 보여주는 사례다.

회사의 끝없는 불안과 위기의식을 기꺼이 받아들여라

물론 "회사가 잘나가면 잘나간다고 불안해하고, 안 될 때는 안 되니까 위기라고 하면 직원들은 무엇을 믿고 일합니까? 그리고 무슨 재미로 일합니까?"라고 반문할 수도 있다. 맞는 말이다. 매 순간이 위기고 불안이라면 회사에서 일할 맛이 날 수가 없다. 하지만 당신이 일반 구성원이 아니라 팀장이라면, 중간 관리자 역할을 하게 된 사람이라면 그 끝없는 불안과 위기의식을 기꺼이 받아들이고 공유해야 한다.

그러니 회사의 불안과 위기의식을 이해하고 고민하는 데 충분한 시간과 노력을 들여라. 그리고 그것을 임원들과의 대화에서 화제로 올려라. 혹은 임원들이 건네는 대화의 속내를 제대로 간파하고 성실하게 대화해라. 그 순간 당신에 대한 회사의 평가는 우호적으로 변할 것이다.

낙관적이고 긍정적인 팀장이 되지 말라는 말이 아니다. 회사의 불안, 위기, 어려움이란 주제에 대해서만큼은 항상 절박하게 생각하고 제대로 말할 줄 아는 팀장이 되라는 말이다.

긍정 마인드를 가진 팀장은
반드시 이것을 말한다

젊은 세대에게 '스펙'이란 단어는 일종의 족쇄다. 스펙도 모자라 매력적인 '스토리'까지 만들어두어야 취업 관문을 넘을 수 있겠다고들 한다. 먹고살기 힘든 세상이다. 스펙과 스토리에 대한 압박이 취업준비생에게만 있을까. 조직에서 나름대로 커리어를 잘 닦아온 팀장인 당신도 그 압박에 시달리고 있을 것이다. 사람들은 은연중에 당신이 어느 대학 출신인지, 대학원은 나왔는지 스펙을 확인한다. 그리고 당신이 어떤 개인적 일상을 살고 있는지, 그동안 무슨 일들을 겪어 왔는지 물으며 당신의 스토리를 대놓고 확인한다.

　스펙과 스토리보다 더 중요한 게 있다. 스펙과 스토리를 압도하는 게 있다. 이것이 무엇인지 알고 있는 사람은 내 예상보다 훨씬 적었다. 답은 바로 '긍정 마인드'다. 스펙과 스토리가 화려한 팀장도 '긍정 마인드'가 없다면 직장에서 팀장으로서의 존재가치를 드러내기 힘들다. 팀장이라면 어쩌면 당신은 이미 채용 면접관 자리에 앉아 취업준비생들을 만나볼 기회가 있었을지도 모르겠다. 그때를 생각해 보라. 어떤 사람이 눈에 들어오던가. 부정적인 말투로 일관하는 취업준비생을 뽑고 싶지는 않았을 것이다. 세상의 그 어떤 회사도 부정적인 마인드를 가진 사람은 원하질 않으니 말이다.

스펙과 스토리를 압도하는 긍정 마인드

"긍정적인 태도를 가져라"라는 말은 너무나 많이 들어봤을 것이다. 식상할 것이다. 하지만 이렇게 많이 다뤄지는 이유가 무엇일지를 한번 제대로 생각해 보자. 그건 실제 조직생활에서 긍정적으로 말하거나 행동하는 사람이 많지 않기 때문이다. 그렇다면 이제 스스로를 점검해 보자. 한 조직을 책임지는 팀장으로서 당신은 어떤 말투를 구사하고 있나? 조직문화는 전략을 낳고 전략은 결국 성과를 좌우한다. 성과의 시발점이 되는 조직문화는 현장과 가장 밀접한 자리에 있는 리더, 즉 팀장이 좌우한다. 정확히 말하면 팀장의 말투가 좌우한다. 팀장의 말투가 긍정적인지 아니면 부정적인지에 따라 팀의 문화는 달라지고 결국 성과도 달라진다.

나에게는 가끔 만나 술을 마시고 속내까지 털어놓으며 대화를 나누는 선배가 몇 명 있다. 그중에는 요즘 한창 주가를 올리고 있는 '언택트' 기업에서 리더로 일하고 있는 분이 있다. 젊은 직원들이 많은 회사에 근무하기에 나는 그분이 속한 그 회사의 조직문화도 늘 밝고 활발하며 적극적이고 긍정적일 거라 짐작했었다. 하지만 그의 말은 내 예상과 달랐다.

"너희 회사에도 뭔 일이 생겼다 하면 일단 싫다는 말부터 하는 사람들, 꼭 있지 않냐? 그래, 불만이 생길 만한 상황인 건 알겠어. 하지만 일단 팀장이 말하면 귀를 열고 들어주는 시늉이라도 해야 하는 거 아니야? 팀원 하나는 내가 무슨 말을 해도 투덜대는데 얼굴도 보기 싫어. 일할 맛이 나겠냐고?"

부정적인 태도를 지닌 사람은 어떤 자리에 있는 사람이든 스스로 무덤을 파고 있는 셈이다. 사람은 누구나 본능적으로 자신의 얘기와 입장에 상대가 긍정적으로 공감해주길 바란다. 밑도 끝도 없이 항상 반기를 드는 사람과 누가 과연 함께하고 싫겠는가. 다음 문제를 읽고 팀장으로서 두 가지 중 어떤 답을 하는 게 좋을지 생각해 보자.

> Q. 중견기업에서 판매대금 관련한 사고가 일어났다. 임
> 원이 해당 팀의 팀장에게 전화를 했다. "팀장, 어떻
> 게 된 겁니까?" 둘 중 하나를 선택해 대답해야 한다
> 면 과연 어떤 쪽을 골라야 할까?
>
> ① "죄송합니다. 재수가 없어도 한참 없었습니다. 중요
> 한 때에 이런 일이 생기다니, 왜 이렇게 안 풀리는 건
> 지 모르겠습니다. 저는 늘 이래요."
>
> ② "염려하지 마세요. 제가 멋진 관리자가 되려나 봅니
> 다. 앞으로 더 어려운 일도 겪을 텐데 이런 일을 미리
> 겪었으니 관리자로서 훈련받는 것이라고 생각합니
> 다. 잘 처리하겠습니다."

이는 실제 중견기업 대표이사를 지낸 분의 책에서 읽은 사례다. 그는 이렇게 말했다. "당신이 두 팀장을 관리하는 임원이라고 해 보자. '멋진 관리자가 되려고 훈련받고 있는 사람'과 '재수가 없는 놈' 중에 누구를 미래의 리더로 삼을 것인가?"

재수 없는 놈을 자처하는 실수는 절대 하지 말자.

팀원이 실수를 해서 문제가 벌어지더라도 '재수'를 탓하며 함부로 말하지 말자. 어쩌면 당신은 사원일 때부터 이런 '탓'이 익숙해져 있을지도 모르겠다. 영업사원으로 근무할 때 목표를 달성하지 못하면 경쟁사에 비해 부족한 마케팅 비용을 탓하고, 기획안이 채택되지 못하면 디자인 비용을 좀 더 들였어야 했다고 불평했을 수 있다. 하지만 팀장의 '탓'은 차원이 다르다. "사람들은 춤추고 싶지 않으면 땅이 젖었다고 말한다"라는 외국속담이 있다. 활을 쏘는 궁수는 화살이 과녁 한복판에 맞지 않으면 자신을 탓한다고 한다. 과녁이 이상하다 탓하지 말자. 이제 그런 행동이 부끄러운 처신임을 알고 삼가자. 문제점이 있다면 직시하고 있는 그대로 받아들이되 그 문제를 미래에 어떻게 개선해낼 것인지에 대해 긍정의 언어로 말하는 게 팀장의 언어다. '재수가 없는 놈' 그리고 '향후 무언가가 될 사람' 중에서 우리는 당연히 후자를 선택하자.

자신을 아껴주는 사람의 말이라도 자신을 의심하거나 부정적으로 바라보는 말은 듣기가 쉽지 않다. 직장에서야 두말할 필요가 있을까. 이 문제는 상대의 의견에 일단 "맞아!", "좋아!", "네가 옳아"라는 긍정의 맞장구를 쳐주는 것으로 간단히 해결된다. 팀원이 "이거 해 보면 어떨까요?"라고 말할 때 "아이디어는 괜찮은 것 같아요. 그런데 아이디어를 표현하는 보고

서가 이게 뭡니까?"라며 엄한 핀잔을 덧붙이고야 마는 팀장이
버티고 있는 한 그 팀에는 새로운 시대에 새로운 전략으로 맞
서는 에너지가 모일 리 없다.

부정적이고 늘 의심만 가득한 부모 슬하에서 자녀가 밝은
얼굴로 살아갈 수 없는 것처럼 의혹만 가득하면서 늘 불평만
늘어놓는 팀장과 함께하는 팀원이 능동적이며 도전적일 수 없
다. 팀원을 향한 자신의 말투가, 그리고 자신의 상사인 임원
그 이상을 향한 자신의 말투가 '절대 긍정'에서 좀 어긋나 있
지 않은지를 늘 확인하는 팀장이야말로 직장생활에서의 언어,
조직의 언어를 제대로 사용하는 사람이다.

긍정 마인드의 필요조건

이왕이면 긍정의 언어는 구체성을 띤 표현이면 좋다. 팀장의
말투가 신입사원들처럼 "열심히 하겠습니다", "최선을 다하겠
습니다" 하는 것에 그친다면 아쉽다. 습관처럼 내뱉는 알맹이
없는 말로 느껴질 뿐 진정성이 느껴지지 않는다. 윗사람들로
부터 "팀장이 열심히만 하면 단가?" 하는 핀잔이나 들을지도
모른다. 팀장의 긍정은 달라야 한다. 어떻게 해야 할까. 핵심은
'성과'와 관련된 표현을 넣어 말하는 것이다. 예를 든다면 이

런 말들을 추천한다.

> "다음 달은 목표 대비 120%를 달성할 준비가 되어 있습니다."
> "전년 대비 30억 원 초과한 성과를 낼 것입니다."
> "고객만족도 만점이 목표입니다."

팀장의 입에서 나오는 긍정의 언어에는 일단 성과와 관련된 숫자가 분명히 드러나야 한다. 그래야 다른 긍정적인 언어들도 의미를 얻을 수 있다. 즉, 우선 숫자를 제시한 뒤에 긍정적인 사항들을 여유 있게 첨가하자. 회사는 의미만으로는 굴러가는 조직이 아니기 때문이다.

그렇다고 팀원들을 책임지는 팀장의 일이 오직 성과달성에만 있는 것은 절대 아니다. 성과에 대한 의지 그리고 그 의지에 대한 표현은 팀장이 갖춰야 할 습관 가운데 기본 중 기본일 뿐이다. 그리고 성과를 주장하는 것을 팀원과의 충돌에 대한 변명거리로 삼아서는 안 된다. 팀의 '조직 감성'을 해치게 된다면 그것이야말로 더 큰 문제가 되니 조심해야 한다.

회사는
이런 말투를 쓰는 팀장을 좋아한다

갑작스럽게 이사님과의 회의가 잡혔다. 당신은 어제 팀원으로부터 급하게 자료를 전달받아 내용을 겨우 숙지하고 회의에 들어갔다. 그런데 당신이 들고 들어간 자료에 오류가 있는 게 아닌가. 다음의 대화를 살펴보자.

[이사님 사무실에서]

팀장: 우리 부서의 목표는 영업이익률 10%, 매출 성장률 15%이며…

이사: 잠깐만요. 영업 이익률 수치가 잘못 적힌 거 아닙니까?

팀장: 아? 네. 죄송합니다. 보고서 만든 친구가 정신이 없었나 봅니다.

이사: ….

[팀장 자리로 돌아와서]

팀장: 이 대리, 이리 와 보세요.

팀원: 네, 팀장님. 부르셨습니까?

팀장: 저 물먹이려고 작정한 건가요? 어떻게 임원 회의 자료 숫자를 틀립니까?

팀원: 죄송합니다.

팀장: 제가 남이 잘못한 일까지 책임져야 하나요? 부하 직원 잘못 수습하러 회사 나오는 게 아니라고요.

팀원: ….

이때 차라리 팀원이 팀장에게 "네. 제가 하는 일 수습하러 출근하시는 게 맞는 거 아닌가요?"라고 반문했다면 팀장은 보다 빨리 자신의 문제를 깨달을지도 모르겠다. 물론 그런 말을 듣는 순간은 부끄러움, 분노, 짜증이 치솟아 오르는 걸 참기 어려웠겠지만 말이다.

리더는 책임을 지는 자리다. 책임을 진다는 건 자신이 담당한 임무 전부를 온전하게 챙기고 부정하지 않는 것을 의미

한다.

그렇다면 위의 팀장은 책임 있는 모습을 보였나? 그렇지 않다. 팀장이란 위치가 책임을 지는 리더의 자리가 맞다면 팀장은 팀원이 행한 모든 것에 대해 자신이 일단 책임을 지겠다 말하고 리더로서의 자의식과 의지를 드러내야 한다. 팀장은 자신이 팀원의 확실한 방어막이자 책임자이고자 하는 의지를 임원 앞에서 허물어뜨려서는 안 된다. 그런 모습을 보이는 순간 조직은 당신이 관리자의 그릇이 아니라고 판단한다.

팀원 앞에서는 어떻게 해야 할까. 팀원들의 선두에서 장애물을 열심히 헤쳐나가는 것도 팀장의 주요 임무지만 그보다 더 팀원들에게 강한 인상을 남기는 건 팀장이 팀원의 방어막이 되어주는 순간이다. 만약 팀장이 방어막이 되어주지 않는다면 이전에 팀원과 팀장의 관계가 아무리 좋았더라도 그 순간에 관계가 영영 변질되고야 만다.

그러니 팀장은 임원 앞에서도, 팀원 앞에서도 팀원의 방어막을 자처하는 말을 해야 한다. 팀원에게는 "괜찮아요. 내가 막아줄게요. 그리고 만회할 기회가 있을 거예요"라고 격려하고 윗사람에게는 "제가 가이드를 제대로 못 했습니다" 하며 책임을 기꺼이 지는 게 팀장다운 말투다. 앞선 사례를 제대로 고쳐 보자면 이렇다.

[이사님 사무실에서]

팀장: 우리 부서의 목표는 영업 이익률 10%, 매출 성장률 15%이며…

이사: 잠깐만요. 영업 이익률 수치가 잘못 적힌 거 아닙니까?

팀장: 아? 네. 죄송합니다. 제가 보고받은 문서를 제대로 확인하지 않고 들어왔습니다. 이런 일 없도록 하겠습니다.

[팀장 자리로 돌아와서]

팀장: 이 대리, 이리 와 보세요.

팀원: 네, 팀장님. 부르셨습니까?

팀장: 임원 보고 자료에서 숫자가 잘못된 부분이 있더라고요.

팀원: 아, 제가 어제 수정 보고서를 다시 메일로 보내드렸는데 못 보셨나 봅니다.

팀장: 급하게 준비하다 보니 새로 문서를 보내줬는지도 몰랐네요.

팀원: 아, 죄송합니다. 제가 미처….

팀장: 다행히 이사님이 크게 문제 삼지 않고 넘어가주셨어요. 앞으론 좀 더 여유 갖고 함께 챙겨 보도록 해요.

팀에서 만들어진 보고서에 오류가 있을 때 그 오류가 팀장의 손에서 탄생했을 거라 속단하는 임원은 없을 것이다. 그러니 이 오류가 자신이 만들어낸 건 아니라고 콕 집어 말하는 팀장이 임원들의 눈에는 과연 어떻게 보일까? 오류가 있었다는 사실에 제대로 고개 숙이고 팀장으로서 검토과정에 미숙했음을 적극 시인하자. 오류를 회피하는 것도, 팀원의 탓으로 돌리는 것도 팀장의 언어가 아니다.

팀원의 잘못에 비판과 비난을 가리지 않고 쏟아내는 팀장은 팀원에게 어떻게 보일까? 팀원은 '이 팀장은 무슨 일이 있을 때 자기만 살겠다고 선 그을 게 분명한 사람이군'이라고 생각할 것이다. 신뢰하면서 함께 일해 나가기 어려운 팀장을 만났다고 생각할 것이다. 그렇다면 어떻게 말해야 할까. 뭔가 엄숙하고 대단한 말을 해야 한다고 생각할 수도 있겠지만 사실 다음의 두 가지 간단한 말만 '악착같이' 해내도 책임지는 팀장의 모습을 팀원에게 보여주는 셈이다.

"잘했네요."
"수고했네요."

누구나 그렇듯 일을 하다 보면 실수할 수 있다. 팀원은 실수해도 된다. 팀원의 실수에도 팀장이 "잘했다!" 혹은 "사실은 당신이 맞다!" 하며 기력을 북돋워준다면 팀장의 말투로 부족함이 없다. "시간을 그만큼 줬는데, 고작 이렇게 만들어 왔습니까?", "이렇게 하니까 제가 늘 이사님께 지적을 받지 않습니까?" 하는 짜증의 말은 어떤 경우에도 절대 금물이다.

팀원의 자리에 있을 때는 당신이 하지 않은 일은 당신의 잘못이 아니었다. 하지만 팀장이라면 당신이 하지 않은 일도 당신의 잘못으로 품어내는 모습을 보여야 한다. 그리고 그것을 말로 표현해내야 한다. 자신의 팀과 팀에서 벌어지는 일 전부를 기꺼이 책임지는 리더로서의 의지를 말로 표현해내야 한다. "이사님, 제 책임입니다. 다시는 저희 팀에서 같은 일 벌어지지 않게 하겠습니다", "이 대리님, 제가 가이드를 잘 드리지 못한 것 같네요. 다시 알려드릴 테니 참고해 보세요" 하는 말을 회사가, 그리고 팀원이 팀장인 당신에게 기대하고 있다는 점을 절대 잊지 말자.

팀장의 말투

초판 1쇄 발행 2021년 4월 5일
초판 4쇄 발행 2022년 10월 24일

지은이 김범준
펴낸이 정덕식, 김재현
펴낸곳 (주)센시오

출판등록 2009년 10월 14일 제300-2009-126호
주소 서울특별시 마포구 성암로 189, 1711호
전화 02-734-0981
팩스 02-333-0081
전자우편 sensio@sensiobook.com

기획편집 이미순, 심보경
디자인 섬세한 곰

ISBN 979-11-6657-011-7 03320

소중한 원고를 기다립니다. sensio@sensiobook.com